おしゃれも暮らしも選りすぐり

大草直子の「これいいっ!」

大草 直子

Introduction

読者のみなさま、こんにちは。はじめまして、の方もいらっしゃるかもしれないし、もしかしたら何度かお会いしたことがある方も、本を通じて既に知り合っている方もいらっしゃるかもしれません。この本は、私にとって11冊目の本になります。最初の1冊を出させていただいてから、7年経っています。その間を含む、記憶がないほど忙しかった十数年を経て、40代を迎えました。年齢は単なる記号で、その記号によって一喜一憂することはありませんが、「今までとははっきりと違う」何かが生まれたのに、気づきました。少し自分を振り返る余裕ができ、好きなもの嫌いなものはもちろん、必要なもの不要なものがはっきりとし、自分の決断に自信がもてるようになったのが、この年代だと思います。そして、装うことだけではない、生きること、暮らすことに、大きく気持ちが向かっていったのも、新鮮で面白いことでした。今回の本では、今までほとんど触れたことがない、「暮らし」を紹介しています。まだまだ入門したての器の話も、初心者なりのこだわりを。もちろ

ん、今までも、そしてこれからも続いていく「おしゃれ」の話、手放したことも多い、「美容」に関しての考え方や、それを支える"もの"も。目の前の霧がさあっと晴れるように見えてきたのは、40代以降、人生の後半戦を伴走してくれる、「暮らし」、「おしゃれ」、「美容」の考え方。そしてこれさえあれば──という、"唯一無二のもの"。「これいいっ！」というタイトルは、ずっと続けているブログで、不定期に連載しているコラムのタイトルです。仕事柄、とにかくたくさんのものに触れ、体験をさせて頂く中で、ジャンルを問わず、どうしても取り上げたい商品を推薦してきましたが、ここからとりました。本のために新たに、「どうしても取り上げたいもの」をピックアップし、写真を撮りおろし、原稿を書いたのです。新しいキャリアのスタートになったのももちろんそうですが、新たな年代に入った自分を客観的に眺めることができて、ワクワクしました。最後まで読んでくださったら、とても嬉しいです。

2016年3月

大草直子

Contents

Introduction —————————————————————— 002

01. Fashion

Trench	"アクアスキュータム"の王道トレンチコート	010
Shirts	"サタデーズ"のボタンダウンシャツ	012
	"マディソンブルー"のシャンブレーシャツ	014
	"ミューズ ドゥ ドゥーズィエム クラス"のビッグシャツ	016
T-shirts	"ジェームス パース"と "J.クルー"のリラックスTシャツ	018
Eye Wear	"DITAのラウンドサングラス"と "アイヴァン7285"のラウンドメガネ	020
Denim	"レッドカード"のダメージ入りシンクロニシティ	024
	"ZARA"のミモレ丈スカート	025
	"アッパーハイツ"のニューボーイフレンド	026
	"マカフィー"のバギーデニム	027
Knit	"ユニクロ"のカシミヤニット	028

Shoes	"マノロ ブラニク"のメリージェーン	032
	"ジミー チュウ"の24:7ハイヒール	033
	"ジェイエムウエストン"のタンカラーローファー	034
	"チャーチ"の紐靴、バーウッド	035
	"ポルセッリ"のハンドメイドバレエシューズ	036
	"ニューバランス"996の渋色スニーカー	037
Accessory	"タサキ"のパールのピアス	040
	"ボッテガ・ヴェネタ"のクリアピアス	041
	"ボン マジック"のバロックパール	042
	"マルコム ベッツ"のリング&バングル	043
	"ヒロタカ"の2フィンガーリング	044
	"IWC"のポルトギーゼ	046
	"ブリストン"のカジュアルウォッチ	048
	"TIFFANY"のハーフオープンのバングル	049
	"hum"のブレスレット&リング	050
Coat	"ギャルリー・ヴィー"のカシミヤコートと"デ・プレ"のコクーンコート	052
Turtle Knit	"YVON"のカシミヤニット	054
Hat	少し甘さのある、ヨーロッパブランドのハットたち	056
Bag	"フェンディ"のピーカブー	060
	"エルメス"のトープ色、ソフトボリード	062
	"コーチ"のイニシャル入りショルダーバッグ	064

Stole & Scarf	何色、と言えない曖昧色のストールたち	066
	"グッチ"の120cm四方のスカーフ	068
	"キンロック"のプリミティブ柄スカーフ	069
One piece & Skirt	"ジェームス パース"のワンピースと "アカネ ウツノミヤ"のラップスカート	070
Jacket	"アッパーハイツ"のレザーライダースジャケット	072
Column 01	時間短縮のための収納術	074

02. Life Style

New House	みんなで作った"新しい自宅"	078
Bed Room	"ジェルバゾーニ"のベッド	084
	石見焼のスツールをサイドテーブル代わりに	086
	"テネリータ"のコットンタオル	088
	"オリム"のリラックスウェア	089
Living Room	"コーラルアンドタスク"のクッションカバー	090
	"アスティエ・ド・ヴィラット"のお香立て	091
Kitchen	"無印良品"の落ちワタふきん	092
	気に入ったものを見つけたときに買い集めている箸置き	094
	お昼の時間が楽しみになるお弁当箱	096
	得意ではない料理を助けてくれる、万能調味料たち	098
	"メゾン ドゥ ファミーユ"のリネンランチョンマット	100
	多くを持たないからこそ、お皿はブルー&グレーで	102

Stationery	"ザ ケース ファクトリー"のスタッズ付きiPhoneケース	104
	"ヴァレクストラ"のアイスグレー色ブックカバー	105
	"フリクション"の消える渋色ペン	106
	生きた字を書かせてくれる、イタリア製のガラスペン	107
etc	"ゑり萬"の絞り染めふくさ	108
	"ア トゥー パイプ プロブレム レタープレス"のポスター	109
Column 02	我が家は夫婦優先のライフスタイル	110

03. Beauty

Cosmetics	「くちびるを装う」赤のリップとベージュのリップ	114
	40歳はオイル元年。パーツによって使い分けています	116
	"シン ピュルテ"のクレンジングジェル	118
	"トム フォード ビューティー"の影アイシャドウ	119
Hair	無造作なのに手がかかっている髪をつくる、ヘアセットアイテム	120
Column 03	焦らず、比べず、自分らしくいられたら	122

Postscript — 124

Shop List — 126

大草直子の「これいいっ!」 008

01. Fashion

その人のおしゃれは、その人の人生とシンクロします。生き方に迷っているときは、自然と着こなしも曖昧になるし、行く道がクリアなときは、不思議とファッションもびしっと決まる。30代後半から40代初めまで、私は少し迷っていたと思います。これからのキャリアを含む人生も、そして「着る服」にも。体型や顔立ちの変化、というのももしかしたら、その大きな理由だったかもしれません。立ち止まり、少しずつさまざまなことを解決し、また目の前の道が明るく見えているのが今。たくさんの「いつか、着るかもしれない」ものは処分し、そして思い切って、服や靴、バッグを置く場所を新しく整えました。だからこそ、また確かな自信をもって言える。「これが好き」、「これがいい」——。たくさんの私のアップ＆ダウンを支えてくれた、頼もしいニットやTシャツやデニムたち。この章で紹介します！

Trench

"アクアスキュータム"の王道トレンチコート

こんなにも女性の身体をきれいに見せてくれるコートはありません。
肩のラインをしっかり作り、自分のウエストよりもほんの少し上にくびれを作る。
肌に溶け込む甘いベージュも。
「一生」はほとんどない、というのが持論だけれど、その数少ない「一生の服」。

1

2

3

トレンチコートは、ベルトでウエストを絞るのか、前を開けてラフに着るのか。そんな「ひと手間」で、印象が大きく変わります。迷ったときは、中に着た服のシルエットに合わせると、選ぶべき靴やバッグ、コートを着ているとき、脱いだときのバランスに間違いがありません。例えば、シャツにデニムで縦長の長方形のインナーなら、コートもフロントを開けてそのシルエットに (4)。また、ウエストがシェイプされたワンピースに重ねるときは、同じウエストラインでベルトを締める (5) ── というように。サングラスやカラーパンプスでヌケを作る (1,2)、袖をたくし上げてチェックをのぞかせる (3) など、着こなしのディテールもとても大切。

1,2,4 トレンチコート:アクアスキュータム/シャツ:サタデーズ/デニム:アッパーハイツ/バッグ:フェンディ/サングラス:ディータ/ピアス:フォーエバーマーク/ブレスレット:ボッテガ・ヴェネタ/靴:クリスチャン ルブタン/3,5 トレンチコート:1と同じ/ワンピース:ザラ/バッグ:フェンディ/ピアス:ポン マジック/ブレスレット:(右腕)ともにエルメス、(左腕手首側から)マカオで購入、ボッテガ・ヴェネタ/靴:セルジオ・ロッシ

4

5

Shirts

"サタデーズ"のボタンダウンシャツ

レディスを発表していないブランドの、Sサイズシャツ。かっちりと育ちの良い、
けれどどこかやんちゃな風情が、女性のスタイルになじみます。
ノーストレッチ、厚くて小さなボタン。ストレートなウエストライン。
何だか子供の頃の気持ちに戻れるのです。

Fashion   Life Style   Beauty   013

1

2

3

洗濯機で洗って、シワをきれいに伸ばさないのが、この手の
シャツで一番大切なこと。「洗いざらし」を楽しめるのは、
こうした正統のカジュアルシャツだからこそなのです。た
だし、着こなしは、どこかに「エレガントさ」を忘れずに。
春夏はバッグや靴で(1)、秋冬はジャケットをプラスする
ことで(2)きちんと感がアップします。手元のレイヤード
も思いきり楽しんで(3)。

1 シャツ：サタデーズ／ニット・パンツ：ミューズ ドゥ ドゥーズィエム クラ
ス／バッグ：フェンディ／ピアス：フォーエバーマーク／ブレスレット：(右
腕手首側から)パリで購入、ティファニー (左腕手首から)マルコム ベッツ、
マカオで購入／時計：IWC／靴：クリスチャン ルブタン／2 シャツ：1と同
じ／ジャケット：バンド オブ アウトサイダーズ／デニム：アッパーハイツ／
バッグ：3.1 フィリップ リム／ストール：ジョンストンズ／靴：チャーチ／3
ブレスレット：(手首側から) マルコム ベッツ、マカオで購入、ティファニー、
パリで購入／時計：IWC／バッグ：エルメス／シャツ・パンツ：1と同じ

Shirts

"マディソンブルー"のシャンブレーシャツ

丸2年着て、ちょうどいい感じにくったりとしてきました。
ぱりっとした鮮度ももちろん良いけれど、自分の体温やシルエットに
「育っていく」様子を楽しめる服が、本当に良い服だと思います。
ビキニの上に羽織ったり、ジャケット風に着たりもしています。

Fashion　Life Style　Beauty　　015

1

2

あるセレクトショップで見つけたときに、インポートかな、と思ったほど「シャツに慣れている」ブランド。春夏はデニムオンで爽やかに(1)、秋冬はジェームスパースのリブタンクトップを着て(あえてサイズ2でボーイッシュに)。またボタンを3つまで開け、ボトムスに裾をイン。適度にブラウジングして着ます(2)。また、ビーチでは水着の上に羽織っても素敵(3)。ロゴ(4)や袖口のイニシャル(5)のさりげないセンスも大人です。

1 シャツ:マディソンブルー/デニム:アッパーハイツ/バッグ:エルメス/サングラス:ディータ/ピアス:フォーエバーマーク/手に巻いたスカーフ:エルメス/ブレスレット:(手首側から)マルコム ベッツ、マカオで購入、ドゥロワーで購入/靴:ジャンヴィト・ロッシ/2 シャツ:1と同じ/ニット:スタニングルアー/パンツ:バッカ/バッグ:フェンディ/サングラス:レイバン/ブレスレット:ボッテガ・ヴェネタ/靴:セルジオ・ロッシ/3 シャツ:1と同じ/帽子:パリのホテルでもらったもの/水着:パリで購入/サンダル:マイスエリ

3

4

5

Shirts

"ミューズ ドゥ ドゥーズィエム クラス"のビッグシャツ

大人になって嬉しかったこと、その1。
首に筋ができ、光の凹凸が生まれ、シャツが似合うようになったこと。
そんなときに、大きなシルエットのシャツの、首をうんと抜いて。
清潔感のある色っぽさが首の後ろに宿る —— と、一人喜んでいます。

Fashion　Life Style　Beauty

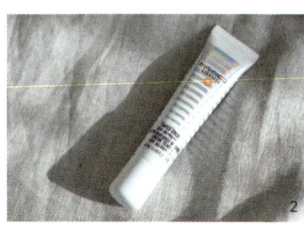

シャツと距離を置いた30代を経て、40歳になったときから、積極的にシャツを着始めました。理由は、似合うようになったから。特に似合うのは、こんなビッグシルエットのシャツ。丸くなった肩には、ドロップショルダーが色っぽく寄り添ってくれるし、後ろに抜ける襟のデザインは、少しそげたデコルテに影を作ってくれます。長めのネックレス（3）、ティントタイプのグロス（1）、そして素肌感をきれいに見せてくれるリキッドファンデーション（2）で、ナチュラルを「作って」着ましょう。

1 リップ：アディクション［ティント リッププロテクター 001］／2 日焼け止め・メイクアップベース：M・A・C［ライトフル C ティンティッド クリーム］／3 ネックレス：4L／4 シャツ：ミューズ ドゥ ドゥーズィエム クラス／デニム：アッパーハイツ／バッグ：シャネル／眼鏡：アイヴァン 7285／ピアス：フォーエバーマーク／ブレスレット：マカオで購入／時計：ジャガー・ルクルト／靴：ジャンヴィト・ロッシ

T-shirts

"ジェームス パース"と"J.クルー"のリラックスTシャツ

"ジェームス パース"のTシャツは、生地をバイヤス（斜め）に使っているところが好きです。
首からウエスト──縦に続く、女性特有の凹凸と違う流れ、動きが個性的で。
付かず離れずのシルエットは、大人の女性のためのものなのです。
冬でもニットのアンダーに着てしまいます。

1　　　　　　　　　　　　　　　　　2

身体に近いTシャツは、柔らかく優しく、ストレスフリーの素材を選ぶように。買って、着たそばから身体になじむ感覚は、このジェームス パースならでは。ネットに入れて洗うようにすると、伸びが防げます。リネンだから、そのドライな質感が気に入っているJ.クルーのTシャツも、色違いで揃えたほどのお気に入りです。ちょっとメタリックなアクセ(3)や素肌感の出るサンダル(4)は春夏に、冬はカーディガンなどのインナーとして(2)。小物はカジュアルがしっくりきます(5)。

1,3,4 Tシャツ:ジェームス パース／スカート:ドゥロワー／バッグ:ソニア リキエル／ブレスレット:(手首側から)マカオで購入、ウィムガゼットで購入、ドゥロワーで購入／靴:クリスチャン ルブタン／2,5 Tシャツ:1と同じ／スカート:カルヴェン／ロングカーディガン:ユナイテッドアローズ／バッグ:スイート・ワン・オー・セブン／サングラス:レイバン／ストール:ジョンストンズ／グローブ:ユニクロ／タイツ:オットデザイン／靴:チャーチ

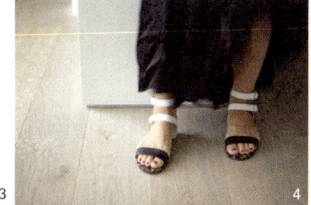

3　　　　　4　　　　　5

Eye Wear

"DITA"のラウンドサングラスと "アイヴァン 7285"のラウンドメガネ

アイウェアはアイメイク。これはずっと言い続けてきたこと。肌になじむベージュのフェイスと、「黒ではない」レンズカラー。もう、このサングラスでしばらく大丈夫——と言えるほど、DITAはお気に入り。メガネは「甘い顔」になりたいときに使っています。目元はしっかり強く見せてくれながら、どこかとぼけたような隙を作ってくれるのです。

Fashion　　Life Style　　Beauty　　　　021

少し丸みを帯びたフォルムが、顔立ちをはっきりと甘くしてくれます。黒のフレームは、目鼻立ちがはっきりした私の顔には強すぎるので、ベージュかブラウン、しかも透明感のある素材を選びます。ツルが太めだと古く見えるので、細いものを。鼻から耳にかけての稜線を、繊細に見せてくれます。アイウェアをかける日のメイクのコツは、眉毛をしっかり描く、チークを高めに ── です。

P20 静物　サングラス：ディータ／P21 静物　メガネ：アイヴァン 7285／1 サングラス：ディータ／ニット：ユニクロ／ピアス：タサキ／ブレスレット：マカオで購入／時計：IWC／2 メガネ：アイヴァン 7285／シャツ：ミューズ ドゥ ドゥーズィエム クラス／カーディガン：アリシア アダムス アルパカ／ピアス：タサキ

Fashion　　Life Style　　Beauty

Denim

デニムは、その年の気分や流行を表すアイテム。毎年、新調しています。
最近、とにかく着ては洗って、また着ているのがこの3本+1枚。
デニムが新しければ、3年前のニットも今年の顔になるけれど、
新作のニットに3年前のデニムでは、古い人になります。

デニム:（左から）アッパーハイツ、ザラ、マカフィー、レッドカード

Denim

"レッドカード"のダメージ入りシンクロニシティ

黄みや赤みのない清らかなブルーに、少しワイルドなダメージ―― このバランスが好き。
このダメージの位置も、JAPANデニムだからこそ、「欲しい場所」に。
美しいパンプスやかっちりしたジャケットの、違う表情を引き出してくれるのです。

最近よくはいているのが、シンクロニシティというモデル。ヒップをしっかりと包みこむ高めのウエストと、パーフェクトな位置に入ったダメージが特徴。ボーイフレンド型よりも、女性らしいバックスタイルが手に入るから、スニーカーよりも、ハイヒールではきたくなるデニムです。Tシャツやニットの裾を、ほんの少しイン。ボディラインのウエスト位置をアピールして、視線を上げて着るのが気にいっています。

デニム：レッドカード／Tシャツ：ジェームス パース／バッグ：セリーヌ／ブレスレット：ドゥロワーで購入／ピアス：タサキ／靴：クリスチャン ルブタン

Fashion　Life Style　Beauty　025

"ZARA"のミモレ丈スカート

コッパー(銅)色のボタンと、同色のステッチ。
このアクセントカラーがあるだけで、少しヴィンテージっぽく見えるスカートです。
夏の素足にも冬のタイツにも。季節を問わないのも、このディテールのおかげです。
ボタンの開け方で、スカートのシルエットが変えられるのも嬉しいですね。

ザラのデニムスカートは、デニムブランドのものと違い、このデザインをデニムで!?　という驚きをいつもくれます。このボタンドスカートもそう。ふくらはぎが半分隠れる丈、というのも靴を選ばなくて優秀だし、下のボタンをどこまで開けるかで、スカートのシルエットを変えられるので、その日のインスピレーションを大切に。

スカート：ザラ／シャツ：マディソンブルー／バッグ：ノーブランド／サングラス：ディータ／ピアス：フォーエバーマーク／ブレスレット：(手首側から) マルコム ベッツ、マカオで購入／時計：IWC／靴：ニューバランス

Denim

"アッパーハイツ"のニューボーイフレンド

もし無人島に1本持って行くなら、迷わずこのデニムを選びます。
少し高めにセットされたウエスト位置、
ストレートに裾を下ろして着ても、2回折ってもバランスの良いレングス。
何より100回洗濯したくらいの、夏の空のようなブルーがきれいです。

ヒップが大きく太ももが張っている──という私の体型に合っているのもあると思いますが、色も、少し硬さの残る素材も、そしてリラックスしたボーイッシュなシルエットも、全部好き。あ、もちろん、この透明感のあるブルーも。ファスナー、ポケット、ベルト通し、ボタン。「デニムの顔」は隠さないで着るほうが格好いいので、少し短めのトップスかウエストにインして着ます。

デニム:アッパーハイツ/ニット:ミューズ ドゥ ドゥーズィエム クラス/バッグ:スイート・ワン・オー・セブン/サングラス:レイバン/ピアス:ボン マジック/ブレスレット:マカオで購入/時計:IWC/靴:ジェイエムウエストン

Fashion　Life Style　Beauty

"マカフィー"のバギーデニム

太め、ダメージなしの清潔な表情。'70年代を思わせる一本は、
はいたそばから柔らかく、デニム、というより、ブルーのパンツとしてスタイリングしています。
高めのウエスト位置を見せるために、
トップスはインにしてバランスをとります。

デニムブランドのデニムをずっとはき続けてきましたが、マカフィーのバギーデニムは別。メインのワードローブは、マカフィーで揃えています。「上下」が同じブランドのときは、丈や色、素材感やディテールが完全にマッチしてくれるのです。「お直しなしで」、しっかりとヒールが太く、高い靴で、床すれすれにはくことができるのも、実は高ポイントです。夏は、ビッグシルエットのシャツや、ロゴTシャツと合わせてスタイリングするのも良いですね。

デニム：マカフィー／ニット：セオリーリュクス／バッグ：エルメス／帽子：ラローズ・パリ／
ピアス：タサキ／靴：マノロ ブラニク

Knit

"ユニクロ"のカシミヤニット

ふっくらと肉厚で、そしてしっとりと優しいのが、ユニクロのカシミヤニット。
最近は、メンズのMやLをあえて選んでいます。ウエストがすとんとマニッシュで、
Vの開きがボーイッシュで。袖丈が長いから、くしゅくしゅっと無造作に着られるのも好きです。
プライスだけではなく、このニットのすべてを愛しているので、毎年買い替えます。

1

2

3

4

カシミヤの幸福感は決して他では代用できないから、冬の服はほかにいらない、と思えるほどです。素材がもたらすその気分を絶対に満喫したいので、例えばランジェリーはシルクのノンワイヤーだったり(4)、ピアスはダイヤモンドのシンプルな光だけだったり(3)。女性の肌はとても敏感なので、素肌に触れる第一印象は絶対に大切なのです。あ、ちなみにゆったり着たいVネックはメンズのL、クルーはメンズのMを選ぶことが多いです。夫と共有していて、シーズン初めに3色くらい揃えるのが、季節の支度になっています。

1 ニット:ユニクロ/パンツ:ミューズ ドゥ ドゥーズィエム クラス/バッグ:コーチ/サングラス:レイバン/ピアス:タサキ/ブレスレット:(右腕)パリで購入(左腕)マルコム ベッツ/時計:IWC/靴:ジェイエムウエストン/2 ニット:ユニクロ/パンツ:バッカ/バッグ:フェンディ/サングラス:レイバン/スカーフ:エルメス/ピアス:ボン マジック/ブレスレット:マカオで購入/時計:ジャガー・ルクルト/3 ピアス:フォーエバーマーク/4 ニット:ユニクロ/ランジェリー:パリで購入

Shoes

トゥ(つま先)のデザイン、ヒールの太さ、そして素材感や色。
服がベーシックなだけに、そのシーズンの気分は靴で表現することが多くなります。
ピンヒールではスカートをはかない、日焼け派だからパンプスは冬以外素足で履く —— など、
My Ruleもかなり細かくあるのが靴です。

靴:(左奥から時計まわりに) ピエール アルディ、クリスチャン ルブタン、ニューバランス、チャーチ、ジェイエム ウエストン、マノロ ブラニク、ペリーコ、ボルセッリ、ジミー チュウ、マノロ ブラニク、エーエムビー

Fashion   Life Style   Beauty   031

Shoes

"マノロ ブラニク"のメリージェーン

パテント素材がなかなか伸びないので、足になじむのに5年ほどかかった、マノロ ブラニクのメリージェーン。最初はタイツで合わせるようにして、今では素足で履けるようになりました。ケイト・モスがヴィンテージのドレスにファー、メリージェーンを合わせているのに憧れたのがきっかけです。

クラシックなのに、抑制が効いた色っぽさが感じられると、勝手に思っています。だからこそ、合わせる服は、クラシックでコンサバティブなものか、もしくは思いっきりカジュアルなもの。例えば、細かいプリーツが揺れるスカート。そうしたほうが、靴の存在感が際立つのです。

人物 1,2 靴:マノロ ブラニク/シャツ:フレーム/スカート:マカフィー/バッグ:フェンディ/ピアス:ボン マジック

Fashion　Life Style　Beauty　033

"ジミー チュウ"の24:7ハイヒール

ウエストがぐっと締まって、ヒップにかけてのラインが豊かで丸みを帯びた、
そんな大人の女を思わせる、真っ赤なハイヒール。
そのくせ、どこかドライな表情なのも今っぽいので、チノパンツやデニムに合わせてしまいます。
パテント素材は劣化が目立つので、特別な日にしか履かない一足です。

このジミー チュウの24:7（トゥエンティフォーセブン）のシリーズは、実も美も兼ね備えた靴です。女性がリラックスして立ったときに、自然とヒールに重心がのるようなデザイン、設計。その名の通り、24時間7日間大活躍してくれる靴なのです。リップみたいな赤も好き。

人物 1,2 靴：ジミー チュウ／ニット・パンツ：ミューズ ドゥ ドゥーズィエム クラス／バッグ：シャネル／ピアス：ボン マジック／時計：ジャガー・ルクルト

Shoes

"ジェイエムウエストン"のタンカラーローファー

熟練の職人がほとんどの工程を手作業で仕上げるローファーは、
履く人をテストするような気がします。本当に足になじむまでは20年以上かかる！とも言われている靴。
60歳を過ぎたある日、突然「あ……」と思うのでしょうか。その瞬間を楽しみに大切に。
靴がその気になるまで待つ── という、贅沢な時間をくれる一足です。

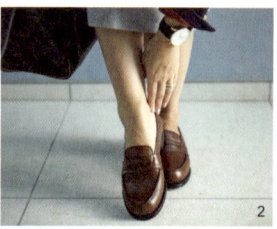

この靴の、こっくりしたブラウンは、ブランドのアイコニックな色、タンです。履くほどにその色は深みを増すでしょう。素足に履くも良し。上質なタイツと合わせても。足だけでなく脚全体の景色を楽しめる、そんな靴なのです。40代の今は、大好きなトラッドに合わせる予定。

人物 1,2 靴：ジェイエムウエストン／ジャケット：マディソンブルー／スカート：オーガニック バイ ジョン・パトリック／バッグ：ルイ・ヴィトン／ピアス：ボンマジック／時計：IWC

"チャーチ"の紐靴、バーウッド

4年ほど前、ミラノの直営店で出会ったチャーチのバーウッド。私にとって、
初めてのイギリスの靴でした。Made in ItalyともFranceとも違う、心地よい重たさが気に入って、
たくさん歩く日にも積極的に履いています。
メタリック調のダークグレーが、合わせるスタイリングを選ばないのも素晴らしい!

マニッシュな靴の着こなしは、メンズのスタイリングブックを参考に(2)。パンツの裾のセッティングや、靴下との合わせ方に、たくさんのヒントが。全くそのまま、はできないので、仮にワンピースのときに靴合わせを取り入れて(1)。

人物 1 靴:チャーチ/ワンピース:ザラ/バッグ:ソニア リキエル/ピアス:ボン マジック/ブレスレット:(右腕)ボッテガ・ヴェネタ(左腕手首側から)マカオで購入、エルメス、マルコム ベッツ/靴下:ブルーフォレ/2 ブレスレット:パリで購入

Shoes

"ポルセッリ"のハンドメイドバレエシューズ

ハンドメイドで作られる、パリで生まれたバレエシューズは、その吸い付くような履き心地が特徴です。
素足に履いたときの、最初は少し堅く初々しく、数度履くと包み込む感触になり、
そしてその後は履きこむほどに、足と一体化する感じ。
アメカジ大好きな私に、「パリっぽさ」を意識させてくれる、稀有な存在です。

クラシックな小物と(1)。赤いネイルやリップで(2)。

人物 靴:ポルセッリ/シャツ:エムエム6 メゾン マルジェラ/パンツ:ザラ/バッグ:シャネル/サングラス:ディータ/ピアス:ボン マジック/ブレスレット:(手首側から)マカオで購入、エルメス、マルコムベッツ/1 帽子:フェデリカ・モレッティ/バッグ・サングラス:人物と同じ/2 ネックレス:ともにノーブランド/香水:アニックグダール [ル シェブルフイユ オードトワレ]/ネイルエナメル:ともにシャネル [ヴェルニ (左から)18 ルージュヌワール、08 ピラート]/リップ:ランコム [ラブソリュ ルージュ デフィニシオン195]

Fashion　　Life Style　　Beauty　　037

"ニューバランス"996の渋色スニーカー

ずっとコンバースのローカットを履いていましたが、あの「青春な感じ」が少し気恥ずかしい気がして。
服になじむ、ソックスやもしかしたらタイツと合わせても、きれいに溶け込む。
そんなスニーカーを探していてたどりついたのが、ニューバランス996です。
大好きなグレーをベースに、キャメルがほんの少し。私のクローゼットを見たかのようです（笑）。

ウォーキングやジョギングのための靴ではなく、あくまでスタイリングの「はずし」としての一足。少し女っぽいタイトスカートや、センタープレスが効いたきれいなワイドパンツなどの足元に。

人物 靴：ニューバランス／スカート：カルヴェン／靴下：チーゴ／1 靴：人物と同じ／パンツ：レッドカード／靴下：ブロンドール／2 コート：ギャラリーヴィー／ニット：イヴォン／パンツ：マカフィー／サングラス：ディータ

Accessory

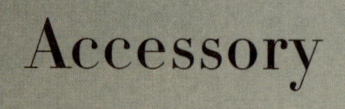

時計、という手元のベースがひと通り揃ったので、
あとは自由にアクセサリーもジュエリーも足していくだけ。
基本的にはその日の気分で、占いのように選び取っています。
耳元、胸元はシンプルに、手元でボリュームと個性を──
というセオリーは、随分前から変わりません。

Fashion　Life Style　Beauty　039

(写真中・左から)時計:ジャガー・ルクルト/ブレスレット:ダニージョ、ジェイクルーで購入、イザベル・マラン/時計:IWC/ブレスレット:スターリングルアーで購入、J.クルー(写真下・左から)時計:プリストン/ブレスレット:ノーブランド/ピアス:ボン マジック

Accessory

"タサキ"のパールのピアス

ファッションデザイナー、タクーンが手掛けるパールの新解釈に惹かれ、
数年前から愛用しています。ずっと見慣れてきたパールが、こんなにもモードに見えるなんて！
と驚いたのを覚えています。カジュアルからドレスアップまで、
どんなシーンにもフィットしてくれるから、気づくと手に取ってしまいます。

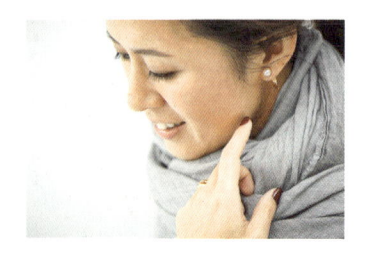

"リファインド リベリオン ホーン"というシリーズのピアス。キャッチがホーン型になっていて、パールとホーンで耳たぶを挟むように着用します。パールは耳たぶにぴたりとフィットし、そしてホーンが少し外側を向くようなフォルム。横顔をドラマティックに見せてくれるから、このピアスをするときは、髪を無造作に結ぶことが多いです。真っ赤なリップで少し華やかに、ヌーディなピンクでナチュラルに──くちびるの装い方で、表情を変えるのも、気に入っています。

ピアス：タサキ／ストール：ファリエロ サルティ

Fashion　　Life Style　　Beauty　　041

"ボッテガ・ヴェネタ"のクリアピアス

抑制の効いた、「自分らしさ」が前面に出るような——
ボッテガ・ヴェネタの服が伝えるメッセージそのままの、ピアス。
ヴィンテージ調の細い留め具が、耳元を大げさにせず気に入っています。
どこから見てもきれいな透明感。

顔がくすむような気がして、ピアスはパールかゴールドと決めていましたが、このピアスは別。精巧なカットとセッティングが施されているから、「向こうの景色」を透過し、光を集めるので、実はしっかりと目立ってくれます。イエローゴールドのゴージャス感も良いけれど、最近は、そのしっかりと重たさのあるマニッシュさで、シルバーにとても惹かれています。夏はTシャツ、冬はラフに編んだタートルニット。軽い服にも重い服にも、似合います。

ピアス:ボッテガ・ヴェネタ／Tシャツ:J.クルー

Accessory

"ボン マジック"のバロックパール

あえて少しいびつな形のバロックパール。もちろん左右のシェイプも違います。
着色してない天然のパールの色は、ずっと見ていても飽きないほど神秘的。
そう、もしかしたらこの「神秘的」という印象が欲しくて、つけているのかもしれません。
顔の近くにあるジュエリーの光は、その人のイメージを決めるくらい、パワフルなのです。

香港で買い付けてくるバロックパールは、艶といい、テリといい色といい、本当に美しい。『ヴァンテーヌ』という雑誌をやっていたときからの、憧れのブランドです。和玉のパールの正しさが、「私のカジュアル」にはなかなか合わないなあ、と思っていたときに出会いました。Tシャツにデニムにも、少し繊細なワンピースにも。どんなスタイルにも似合ってくれる、グレーがかった白は、確かに表情を明るくし、横顔を華やかに照らしてくれます。遠くから見たときも、意外と目立つ、確かな存在感です。

ピアス:ボン マジック/ニット:ユニクロ

Fashion　Life Style　Beauty　　　043

"マルコム ベッツ"のリング&バングル

少し武骨な温もりが、"マルコム ベッツ"のジュエリーたちの魅力。何でかはわからないけれど、
祖父の厚くて大きな手を思い出したりして。決して前に出てこない、
静かさが好きなのかもしれません。ほとんどの工程を、デザイナーを含む数人の職人が
手作業で作り上げる、その「重み」が重すぎないのも好ましい。

デザイナーのマルコムさんにお会いしたことがあります。背が高くて、「まるで映画俳優みたいですね」とお伝えすると、とても照れていた、シャイな英国紳士です。その後、「全く同じものは2つとない」ご自身のコレクションを説明してくださるときは、途端に熱く饒舌になったのが、とても印象的でした。彼が作る作品は、自己顕示欲とは無縁で、どんな手持ちのジュエリーとも仲良くしてくれます。表面はイエローゴールド、そして裏側はシルバーのバングルとリング。

ブレスレット・リング:マルコム ベッツ/シャツ:マディソンブルー/ピアス:フォーエバーマーク

Accessory

"ヒロタカ"の２フィンガーリング

アメリカの雑誌エディターから火がついた、ヒロタカのジュエリー。
こなれたプライスと、構築的なデザイン、斬新なアイデア──一瞬で心惹かれました。
重たさとは無縁で、つけていると「それどこの？」と必ず聞かれるリング。
人の目に常に触れる指先に、「会話のきっかけ」があることを、心地よく思わせてくれます。

Fashion　　Life Style　　Beauty　　045

ディスプレイされていたときは、どう着用するかわからなかったリング。指の股に、パールがセットされるように2つの指に通します。きゃしゃなデザインながら、つけてみると、どこか色っぽく、そして少しモード。百戦錬磨の、ニューヨークのエディターたちが、こぞって彼のジュエリーを買い求めた、というのもよくわかります。デザイナーのヒロタカさん曰く、「もっと自由にジュエリーを楽しんでもらいたい」と、プライス、デザインを決めているそうです。もちろん2本の指は自由には動かないのですが、その不自由さが、どこか新鮮。

人物　リング：ヒロタカ／ニット：スタニングルアー／ピアス：ボン マジック／1 リング：人物と同じ／2 リング：（右手）人物と同じ（左手）マルコム ベッツ／ブレスレット：（右腕）マルコム ベッツ（左腕手首側から）マカオで購入、ヒバネマ／ニット：人物と同じ

Accessory

"IWC"のポルトギーゼ

30代半ばで手に入れて、40代の今、もっと絶対に似合っている—— そう確信しています。
時計が自分の、この先の女性像を照らしてくれる、というのは本当のことで、
おしゃれも生き方も、ずいぶんとこの時計に引っ張ってもらいました。
少し重たい時計を手首にはめる朝、どこか安心をし、同時に背筋が伸びる気がするのです。

深いブラウンのレザーのベルトが、くったりと柔らかくなり、手首になじんできました。私の人生で初めての、機械式の時計。なかなか「これ」という一本に出会えず、焦りを感じていた30代半ば。出会うまでは買わない、と決めていた矢先に巡り会った「運命の時計」です。スイスメイドの正確さ、ローズゴールドの華やかさが、私のカジュアルを大人のそれにしてくれました。あ、どう生きていくか──も。タイミングが来たら、ベルトを黒のレザーにしてもいいな。インスピレーションに頼るしかない、その瞬間が来るのをとても楽しみに、最近ではデニムだけではなく、少し女っぽいワンピースに合わせたりしています。

1,2 時計:IWC/ニット:ミューズ ドゥ ドゥーズィエム クラス/デニム:アッパーハイツ/バッグ:スイート・ワン・オー・セブン/サングラス:レイバン/ピアス:ポンマジック/ブレスレット:マカオで購入/3 時計:1と同じ/ジャケット:ミューズ ドゥ ドゥーズィエム クラス/デニム:アッパーハイツ

Accessory

"ブリストン"のカジュアルウォッチ

2012年創業の、まだ新しいブランド"ブリストン"のカジュアルウォッチ。
スポーティでトラッドな中に、おちゃめな表情がのぞくのが好きで、
時計とは無縁のインテリアショップで見かけて、即購入しました。
そのオリジナリティあふれるデザインとプライス、そして大好きな色合わせは、「迷う余地ゼロ」。

女性がつけると、その厚さと、フェイスの大きさは一目瞭然。「今日だけ借りてきた」風情が好きです。

1 時計:ブリストン/シャツ:ドゥロワーで購入/ブレスレット:(手首側から)マカオで購入、チャンルー/2(左から時計回りに)名刺入れ:エルメス/アロマオイル:デ・マミエールオイル/キーホルダー:(Thank you チャーム)ドローイングナンバーズ(イニシャルキーフォルダー)ボッテガ・ヴェネタ/時計:1と同じ/財布:J&M デヴィッドソン

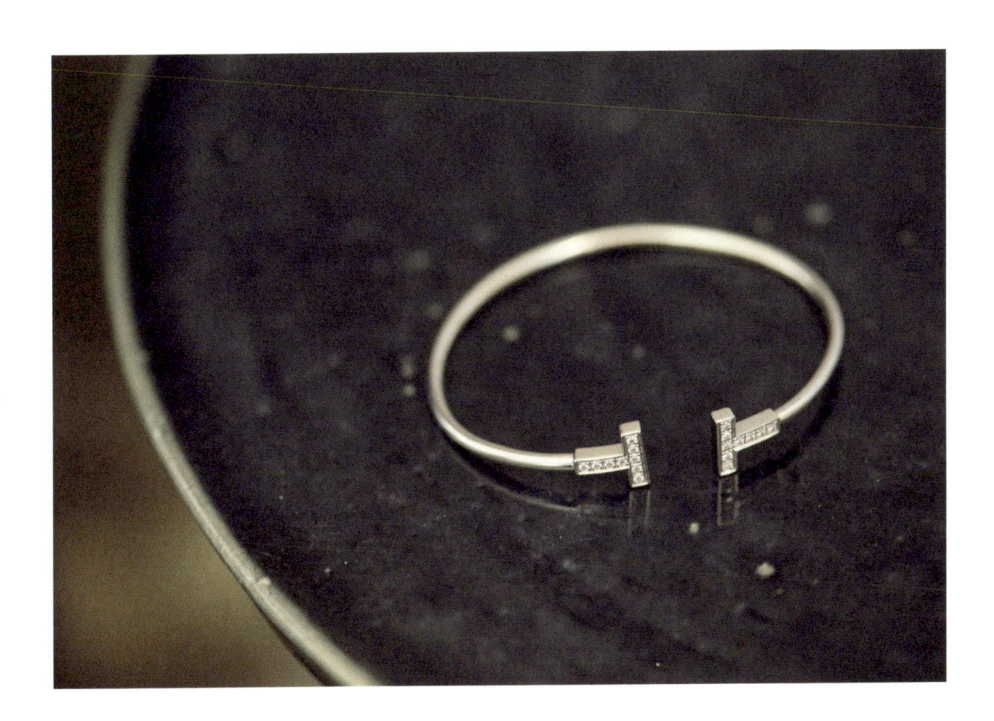

"TIFFANY"のハーフオープンのバングル

"ティファニー T"のバングルは、つける位置を選ばず、気分によって手首に不安定に揺れていたり、肘近くに正しく収まっていたり。その曖昧な感じが良いな、と手持ちのものと重ねて楽しんでいます。ニューヨークのモダンさと凛々しさが映された、グラフィカルなフォルムが、バングルからはしばらく離れていた私には、とても新鮮でインスパイアされました。

イエローゴールドが多い、私のジュエリーワードローブに、久しぶりに加わった「白い光」。このシャープでシンプルなフォルムには、ホワイトゴールドがしっくりくるかな、と選びました。これみよがしではないのに、しっかりとブランドの頭文字である"T"がデザインされていて。イエロー、レザー、ウッド、プラスティック。さまざまな素材と自由に重ねて、あえて騒がしくコーディネートするのが気分です。バングルのもつ静けさを隠し味に。

ブレスレット:ティファニー／ワンピース:パスカル ミレ／リング:マルコム ベッツ

Accessory

"hum"のブレスレット&リング

あえて「新品」のように仕上げない、そのひと手間が可能な技術力と美意識は、ほかにはないもの。
スタイリストの友人の腕に光っているのを見かけて、ずっと気になっていて。
彼女のシャープなカジュアルにも、私のトラッドなスタイリングにも。
「つける人」をジュエリーが選ばない、ニュートラルな立ち位置に、プライドを感じます。

Fashion　　Life Style　　Beauty　　　　051

このブレスレットを手に入れてから、コーディネートとしての時計は省く日も多くなりました。それほどのインパクトと存在感。いぶしたようなシルバーは、使うごとに、実は逆にピカピカになってくるそう。その変化が見られるのを、今から楽しみにしています。ほんの少し使われたグリーンゴールドとダイヤモンドが贅沢。

P50 静物 ブレスレット・リング：ともにハム

Coat

"ギャルリー・ヴィー"のカシミヤコートと
"デ・プレ"のコクーンコート

素敵なコートに出会うと、秋と冬がとにかく楽しくなります。
外側（コート）を明るい色にしよう！ と思っています。可愛い色とも言えますね——。
着る人の存在自体が、その印象に近づく気がして。
そんなコーディネートが40代になってから、とても好きになりました。

Fashion　　Life Style　　Beauty　　　　053

1

2

例えばネイビーやチャコールグレーなど。冬のアウターは、着こなしを構成するアイテムの中で最も濃い色になることが多かったのですが、思い立って、うんと明度をあげてみると。どうしたって暗くなりがちな、寒い季節のコーディネートが一気に明るくなりました。存在感を重くしない、軽やかに楽しそうに生きている──そんなふうに「着る人」を見せてくれます。

1 コート:ギャルリー・ヴィー／ニット:セオリーリュクス／スカート:オーガニック バイ ジョン・パトリック／バッグ:フェンディ／タイツ:カルバン・クライン／靴:マノロ ブラニク／2 コート:デ・プレ／ワンピース:コス／バッグ:ダイアン フォン ファステンバーグ／ピアス:タサキ／グローブ:ボッテガ・ヴェネタ／タイツ:カルバン・クライン／靴:ジャンヴィト・ロッシ

Turtle Knit

"YVON"のカシミヤニット

イタリアのカリアッジ社のカシミヤを贅沢なほど優しく編んだニット。
傷や汚れがないホワイトカシミヤを使用しているから、のこの微妙な色、驚くほどの暖かさ。
「素材が人を幸せにする」を、実感したのが、このニットです。
女性の幸福に最も近いのが素材、そのことに気づくと、手に取るアイテムが変わります。

Fashion　Life Style　Beauty　055

カシミヤ、とひとくちに言っても、そのクオリティは本当にさまざま。ホワイトカシミヤと言われ、文字通りの白の毛は、キズや汚れが目立ちやすく、使える分量が驚くほど少ないこと、そしてその後の染色で色を選ばないから、とても貴重とされています。このニットのように、肌に溶け込むような曖昧なピンクベージュは、当然ホワイトカシミヤからでないと「実現しない色」。暖かな空気をふっくらと着ているような素材感といい、自然と頬が上気したように見せる絶妙な色出しは、私が持っているニットの中でも、間違いなく最高のクオリティ。クローゼットにかかっていても、カシミヤをたっぷり使ったことは明らかで、立体感のあるフォルムはすぐにわかります。タートル部分と身頃の編みの違いも美しく（2）、スタイリングに必要な日はもちろん、少し落ち込んだ朝や疲れたなあ、と後ろ向きになる朝にも、手に取りたくなる一枚です。合わせるメイクや小物も同じスキンカラーで（1,3,4）。

1 ニット：イヴォン／ブレスレット：マカオで購入／2 ニット：1と同じ／3 ニット：1と同じ／帽子：海外で購入／3 靴下：ブロンドール

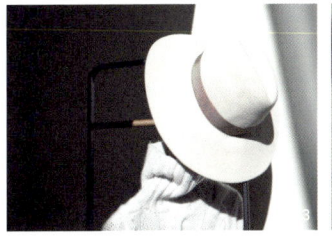

Hat

少し甘さのある、ヨーロッパブランドのハットたち

「別人にはならない」、けれど特別な感じを加えてくれるハット。
特別な感じ、とは、今は「甘さ」……。ずっと好きだった中折れハットは少しお休みです。
40代を過ぎて、小物で取り入れる初々しい甘さは、大人の女性を優しく見せてくれることに気づきました。
顔に近くにある小物は、直接顔立ちに作用してくれるので、効果を早く実感できるのです。

Fashion　　Life Style　　Beauty　　　　057

あまり気負わずに、普段のカジュアルにぽんと合わせてしまいます。スタイリングのコツなどありません。自由にかぶるのが大切です。ただし忘れてはならないひと手間が、ヘア。ふんわりと全体的に巻いて、ワックスやスプレーで髪同士が引っかかるようにしたら、あとは無造作に結ぶだけ。これ、とっても重要な工程です。

P56・57 静物 帽子：(左から) 海外で購入、フェデリカ・モレッティ、ラローズ・パリ／1 帽子：ラローズ・パリ／ニット：ロンハーマン／2 帽子：フェデリカ・モレッティ／カフタン：ルル・ヤスミン

大草直子の「これいいっ!」　058

Bag

バッグ：(左から) エルメス、コーチ、その他すべてフェンディ／バッグの中のストール：ファリエロ サルティ／財布：J&M デヴィッドソン／クラッチバッグ：セリーヌ／iPhoneケース：ザ・ケース ファクトリー／サングラス：ビームス ボーイで購入／名刺入れ：セリーヌ／キーホルダー：ボッテガ・ヴェネタ／お弁当箱：ネットで購入／お弁当を包んだナプキン：ノベルティ

Fashion　Life Style　Beauty　059

女性にとって、バッグは生活感と直結します。
普段は、やはり仕事柄荷物が多いので、大きめのサイズがほとんどだけれど、
休日は小さなバッグにスイッチ。
このギャップを楽しませてくれる、特にお気に入りのバッグたち。

Bag

"フェンディ"のピーカブー

使い込むと、バッグの片側がめくれ「いないいないばー」と顔を出すことから
その名がつけられたバッグ。かっちりとした紳士然とした顔をしながら、
陰で舌を出すようなやんちゃさがある。白、黒、ピンクと—— 色違いを数年かけて揃えたら、
もうほかのバッグは数多くは必要なくなりました。

Fashion　　Life Style　　Beauty　　061

カジュアルから、きちんとした場所にも似合う、懐の深いデザイン。丸いフォルムより、かっちりと四角いシルエットが、肩が丸くなった私の年齢に、しっくりくるのです。

1 バッグ：フェンディ／コート：ギャルリー・ヴィー／Tシャツ：J.クルー／デニム：アッパーハイツ／ピアス：ボッテガ・ヴェネタ／ブレスレット：（右腕）バリで購入、（左腕）ボッテガ・ヴェネタ／靴：ジャンヴィト・ロッシ／2 バッグ：フェンディ／コート：バイ マレーネ ビルガー／シャツ：サタデーズ／スカート：オーガニック バイ ジョン・パトリック／サングラス：アヤメ／ブレスレット：（手首側から）マルコム ベッツ、ティファニー、バリで購入／3 バッグ：フェンディ／シャツ：マディソンブルー／パンツ：ウィムガゼット／サングラス：ディータ／ピアス：ボン マジック／ブレスレット：マルコム ベッツ／時計：IWC／靴：マノロ ブラニク／4 バッグ：フェンディ／ニット：スタニングルアー

Bag

"エルメス"のトープ色、ソフトボリード

とにかくひと目見たときに、この色に惹かれたバッグ。
冬の砂浜のように、赤みをもたないグレイッシュなベージュ。
インサイドがキャンバス地のため、軽くて、しかもくったりとリラックスしたフォルム。
"エルメス"を持つ楽しみは未来にとっておこうと考えていた矢先に出会った、
けれどこの出会いを大切にしようと思ったバッグです。

Fashion　Life Style　Beauty　063

A4サイズの書類がすっぽりと入る大きさながら、女性のボディラインになじむデザインで、決して大げさには見えないのが特徴です。ネイビーとも黒とも、ベージュともグレーとだって。どんな色とも良い距離感を保つグレージュは、このバッグを手に入れたことで、私の最愛の色になりました。その後、小物やコートや服や靴――さまざまなアイテムが、この色に変わったのです。手もとのレイヤードもその日の気分によって楽しんで（1,2）。春夏（3）と秋冬（4）で、合わせる小物のトーンを微妙に変えています。

人物 1,2 バッグ：エルメス／ニット：スタニングルアー／デニム：マカフィー／帽子：ラローズ・パリ／手にまいたスカーフ：エルメス／ブレスレット：（右腕手首側から）マルコム ベッツ、マカオで購入（左腕手首側から）ボッテガ・ヴェネタ、パリで購入／靴：ジャンヴィト・ロッシ／3 バッグ：1と同じ／帽子：海外で購入／ストール：ファリエロ サルティ／グローブ：ジョンストンズ／サングラス：ディータ／ブレスレット：イザベル・マラン／4 スカーフ：エルメス／ストール：ファリエロ サルティ／ネックレス：ボン マジック／ブレスレット：（左から）パリで購入、ティファニー

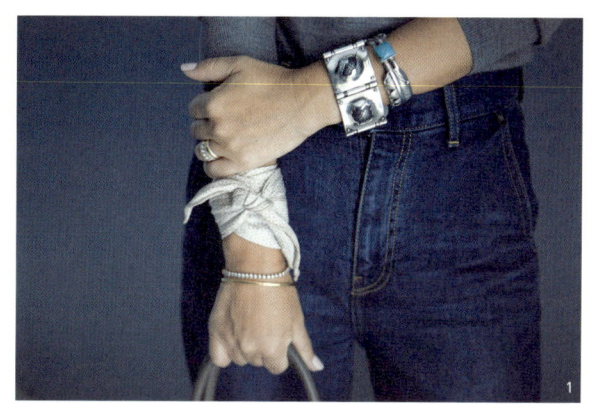

Bag

"コーチ"のイニシャル入りショルダーバッグ

大学生で初めて手に入れてから、私のアメカジは"コーチ"と共にありました。
久しぶりに手に取ったのは、ロングショルダーが今っぽいバランス。
しかも3人の子供たちの名前の頭文字を、フロントに入れてもらいました。
大勢のためのバッグが、私だけのバッグになったのです。

Fashion　　Life Style　　Beauty　　065

ワンピースとあわせたサンダルはあえてカジュアルに(2,3)。
荷物が多いときは、エコバッグをサブに持ちます(4)。

1,2,3 バッグ:コーチ／ジャケット:J.クルー／ワンピース:ジェームス パース／サングラス:ビームス ボーイで購入／ピアス:ボン マジック／ブレスレット:パリで購入／時計:ジャガー・ルクルト／靴:ビルケンシュトック／4 バッグ:1と同じ／名刺入れ:セリーヌ／iPhoneケース:ザ ケース ファクトリー／財布:J&M デヴィッドソン／ミニマルシェバッグ:トゥデイズスペシャル／しおり:海外で購入／ノート:カラー チャート／ボールペン:プラチナ／ハンカチ:ノーブランド／ポーチ:HRM STORE／リップ:ヴァセリン／ロールオンフレグランス:ニールズヤード レメディーズ［アロマパルス リラクセーション］／エッセンシャルオイル:シゲタ［モーニング・スパーク］／リップグロス:サラハップ［ヌードスリップ］／ファンデーション:M・A・C［ライトフル マリン ブライト フォーミュラ］

Stole & Scarf

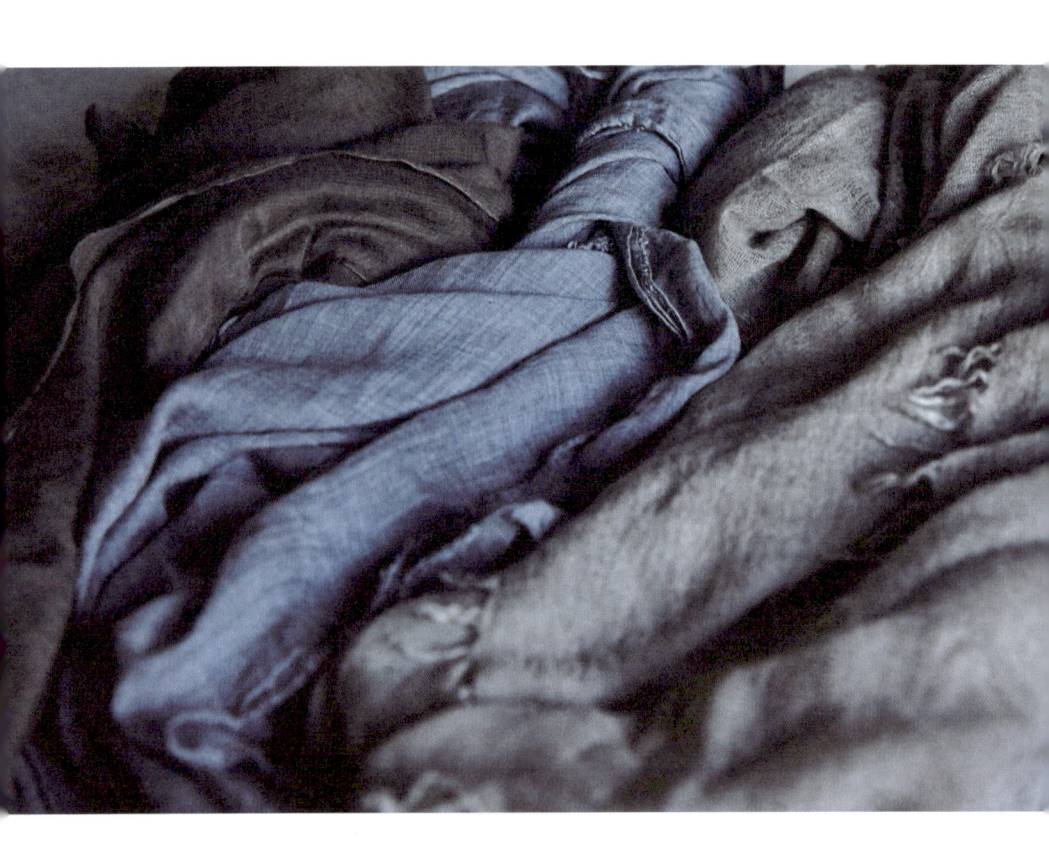

何色、と言えない曖昧色のストールたち

カシミヤやシルク、広げると向こうが透けて見えるくらいの薄さ。
ストールやスカーフは、私にとって"服と肌のギャップ"を埋める存在。
例えばニット1枚では奥行きが足りないとき、Tシャツにレザーの
ブルゾンの「重さの違い」をどうにかしたいとき、ストールやスカーフに頼るのです。

Fashion　Life Style　Beauty　　067

真夏、服に「引っかかりが少ないなあ」、と思ったときにも使います。もちろん、首元が寒い冬にも。薄手のタイプを揃えておけば、実は通年活用できます。バッグの上に置いて、スタイリングに、間接的に色や素材を加えることも。大きく使うときは大胆に、ジャケットやコートに合わせるときはとにかく小さく、が大切です。

P66 静物　ストール：(左から) エルメス、その他ファリエロ サルティ

Stole & Scarf

"グッチ"の120cm四方のスカーフ

シルクのスカーフではなかなか見ない、120×120cmのスカーフ。
伝統的な馬具が描かれた、ブリックオレンジのスカーフは、滑らかで薄くて柔らかくて。
大きく巻いて揺れる感じも(1)、小さく巻くとトラッドに見えるのも(2)、本当に好きなのです。
こうしてラックにふわりとかけているだけで、絵になります。

使われている色が2色だけ、縁のトリミングが本当に細い──が、今っぽくスタイリングしやすい理由。

1 スカーフ:グッチ/ジャケット:アッパーハイツ/Tシャツ:J.クルー/デニム:アッパーハイツ/サングラス:レイバン/ピアス:フォーエバーマーク/2 スカーフ:1と同じ/ジャケット:J.クルー/ピアス:ボン マジック/ブレスレット:(手首側から)マカオで購入、マルコム ベッツ

Fashion　Life Style　Beauty　069

"キンロック"のプリミティブ柄スカーフ

イタリア、ミラノで2012年にスタートしたブランド、キンロック。
艶のあるシルクツイルはなかなか使う機会がありませんでしたが、
ウィットに富んだ柄、アレンジしやすい60×60cmのサイズが、
新しいおしゃれを連れてきてくれました。

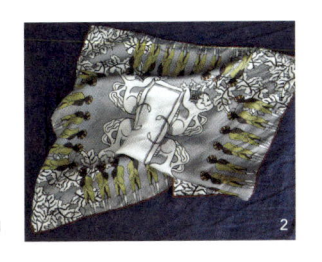

巻いて、ひねって、ぎゅっと結んで。スカーフは怖がらず、大胆に扱うのが成功のカギです。バッグの取っ手に結ぶときは、スカーフを斜めに使って何度もねじってから、ぎゅうぎゅう巻いていきます。最後に余った端は、適当に押し込んでください！　手首に巻くときも同じです。私は、口を使って結んだりすることも。

静物　スカーフ：キンロック／バッグ：フェンディ／1 スカーフ：静物と同じ／ブレスレット：マカオで購入／時計：ジャガー・ルクルト／2 スカーフ：静物と同じ

One piece & Skirt

"ジェームス パース"のワンピースと
"アカネ ウツノミヤ"のラップスカート

自他共に認めるパンツ派の私。スカートやワンピースを選ぶ条件は、1つ。
膝が隠れる丈であること。そして着こなしのMy Ruleも1つ。
冬はタイツ、それ以外は素足で履くこと。そのためのタイツ選びはシビアに、
そしていつでも素足を見せられるように努力はしています。

Fashion　　Life Style　　Beauty　　071

ジェームス パースのワンピースは、1枚で着たときもバックスタイルが気にならないように、ヒップ上に、細かいダーツが入っています。カジュアルなデザインと素材は、「ぺたんこ」ではきたいからこそ、嬉しいポイントです。"アカネウツノミヤ"のスカートは、毎シーズン必ず買います。どこにもない唯一無二のデザイン。

人物（左）ワンピース：ジェームス パース／ジャケット：J. クルー／バッグ：フェンディ／ピアス：タサキ／ブレスレット：(手首側から）マカオで購入、ボッテガ・ヴェネタ、マルコム ベッツ／靴：ニューバランス／人物（右）スカート：アカネウツノミヤ／トップス：ラジャンシィ／バッグ：シバンシィ／ピアス：ポン マジック／靴：クリスチャン ルブタン／1 ワンピース：人物（左）と同じ／2 ワンピース・ジャケット・ピアス：人物（左）と同じ／ブレスレット：(手首側から）マカオで購入、マルコム ベッツ／3 スカート：人物（右）と同じ／Tシャツ：ジェームス パース／ネックレス：ミズキ／サングラス：ビームス ボーイで購入／バッグ：ラフェ ニューヨーク／靴：クリスチャン ルブタン

Jacket

"アッパーハイツ"のレザーライダースジャケット

レザーライダースが好きで、何枚か持っています。
"アッパーハイツ"のジャケットは、基本に忠実で、しかもとても着やすくて。
きれいなパンツに合わせたり、ヌーディなワンピースにラフに羽織ったり。
カーディガンのように、自由に着ています。

Fashion　Life Style　Beauty　073

1

2

3

4

　日本のブランド、"アッパーハイツ"のレザージャケットは、思わず色違いで手に入れてしまいました。最初に買ったのは、グレイッシュなネイビー。こんな色、レザーで見たことがありません。繊細なのに、豪放磊落な感じ。どんな色とも合い、最終的にはスタイルを「きちんとワイルド」に仕上げてくれるのです（1）。黒は、ほかのブランドで持っているのですが、例えばファスナーやスタッズが目立ちすぎたり、例えばレザーが硬すぎて肩が凝ってしまったり。着たそばから肌になじみ、服になじみ、決して大げさにならない── そこに感謝しています（2）。着こなしのヒントは海外のスナップ（3）、仕上げにはレザーも原料のセクシーな香水を（4）。

1 ジャケット：アッパーハイツ／ニット：スタニングルアー／パンツ：バッカ／バッグ：エルメス／サングラス：ビームス ボーイで購入／スカーフ：キンロック／ピアス：タサキ／靴：ジャンヴィト・ロッシ／2 ジャケット：アッパーハイツ／ワンピース：パスカル ミレ／バッグ：ダイアン フォン ファステンバーグ／ピアス：タサキ／靴：クリスチャン ルブタン／4 香水：ボッテガ・ヴェネタ

Column 01
時間短縮のための収納術

引っ越しをしたときに、こだわったのは収納場所。服やバッグ、靴は、私の気持ちやおしゃれを形作るものであると同時に、大切な仕事道具でもあります。できるだけ、それぞれが心地よく収まり、しかも、とにかくコーディネートが早く「決まる」ように気を配りました。今までは、季節ごとに何度もクローゼットの中を入れ替えたり、それでも入りきらなくなると、簡易的なラックを活用していたりしましたが、あるとき、やはりそれではいけない、と思い至りました。仕事柄、ワードローブはある程度、新陳代謝を繰り返すべきですが、それすらが見えないほどになっていたのです。自宅の仕事部屋は、両サイドをクローゼットにし、季節を問わず、すべてのアイテムがここにあります。シャツやブラウス、ニット、スカート、パンツを含むボトムス、コート類、ワンピース、ジャケット。と、アイテムごとに分け、その中で、それぞれを色別にしました。夏に買った、シフォンのスカートを、真冬にタイツとカシミヤのニットと合わせたりもするので、素材や厚さではなくあくまで色で分別。もちろん、ハンガーはドイツ製のマワで統一し、変わらず省スペースを心がけています。43年生きていれば、10年前に買ったジョンスメドレーのニットも、3年前に手に入れたドゥロワーのスカートも、今年買ったトゥモローランドのコートだって —— そう、大切な服はまるで人生のように積み重なっていきます。古参も新人も、心地よくいられるクローゼットが理想です。

Fashion   Life Style   Beauty   075

1. Bottoms

2. Bag

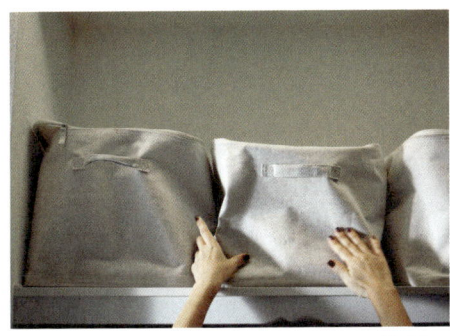

3. Bag

4. Stole

5. Shoulder Bag

6. Socks & Tights

1. マワのパンツハンガーで揃えたボトムスのクローゼット。季節、素材、デザインを問わず、色で分けています。2.「自立できない」バッグたちは、無印良品のラックに立てるようにしています。3.「使うバッグ」は決まっているので、少しお休み中のバッグは、無印良品のふた付きのケースに収納しています。形別に分けておくと、後で取り出しやすい。4. ストールは、マワのスラックス用のハンガーにかけて。クリップで挟むと跡がついてしまうので、この方法に。とにかく、「すぐ使える」ことが大切です。5. ショルダーの長いバッグは、こうしてハンガーに掛けます。持ったときに、バッグが身体のどの位置にくるかのイメージが湧くからです。6. 無印良品のクリアケースも愛用中。細い隙間にもぴたりと収まる、細いタイプは、ソックスやタイツ、手袋などをしまっています。

02.
Life Style

ファッションだけを考えて生きてきた20代、仕事が最優先だった30代を過ごし、40代の今「大切なことは?」と聞かれたら、間髪入れず答えます。「日々の暮らし」と。喧嘩したり大笑いしたり、家族と過ごす時間や、無心にご飯を作る夕暮れや、大好きな色と素材に囲まれて眠りに落ちる瞬間だったり。こうしたことが、こんなに自分を豊かに幸福にしてくれるとは、思いませんでした。おしゃれが、まだまだ未完成なように、「暮らし」が整うのも、ずっと先。暮らすことは、毎日変わっていくこと。一気に完成させないで、ゆっくりと自分のペースで、と思っています。フレッシュな気持ちで、いつもより時間をかけて考えたスタイリングで家を出る月曜日と同じくらい、ソファに深く座って家族がいる景色を眺める土曜日が好きな自分を、今はとても面白がっています。

Fashion   Life Style   Beauty   077

New House

みんなで作った "新しい自宅"

夫婦が過ごす空間を大切にする。子どもを自室に縛らない。都心からの近さより、
ゆったりしたスペースを大事にする。自分たちでできることはやる。
壁や床——素材と色に、最も心を砕く。
こういったことを大切にでき上がった、新しい居場所です。

「壁塗り」も自分たちで

末っ子が生まれて、それまで住んでいた自宅が手狭になったなあ、と思い続けて数年。さまざまなタイミングが重なって、引っ越しを決めました。自宅を売却し、都心から離れた場所に、土地を見つけました。建築家にお願いするのか、ハウスメーカーに相談するのか。考えた結果、私たちは後者を選びました。格好いい暮らしより、心地よい暮らし。完成された家より、育てていく家。そんなことを大事にしたいな、と思ったのです。毎週のように打ち合わせをし、デザインを決め、ディテールを詰め、予算のかけかたを検討し、とても大変でしたが、とても楽しい作業でした。実はその中には、リビングと玄関の壁を家族で塗る―― という工程もあったりして。壁紙よりも、塗り壁のほうが好きです。色のムラや小さな凹凸が表情豊かで、好きな色を細かく選べ、経年変化も楽しめ、そして、汚れたら簡単に塗り替えられる。ただし、バジェットの制約がある中、家中すべての壁を「塗る」のは不可能です。そこで、最も目立つリビングルームと、玄関の壁を家族で塗ることにしたのです。「赤み」のない家にしようと思っていたので、選んだのはグレーがかったホワイトと、グレーがかったブルー。高校時代、故郷のベネズエラでペンキ塗りのアルバイトをしていた、という夫を中心に、学校帰りの子どもたちも加わって、数日で完成させました。住む前から家族の思い出がある自宅。少しずつ、その数が増えていく毎日です。

大草直子の「これいいっ!」 080

am 6:00
日差しを浴びて、ベッドメイクを。
帰ってきてからの心地良さのために。

@ Bed Room

am 6:40
2階の階段上から見る、
空間の広がりが好きです。

@ Living Room

Fashion　Life Style　Beauty　　081

am 7:00

一番太陽に近い場所で朝ごはん。
とにかく朝からしっかり食べます。

@ Kitchen

大草直子の「これいいっ!」　082

am 7:32

平日は幼稚園、休日は習い事。
親も、結局いつでも忙しい。

@ Entrance

am 7:50

大人専用の洗面所は、ベッドルームと
つながっています。

@ Bath Room

Fashion　Life Style　Beauty　083

am 8:40

黒のフレームを生かして、
少し強さを出した
仕事部屋兼クローゼット。

@ Study Room

6:00 我が家の一日のスタートは早い。6時過ぎには、寝室の窓とカーテンを開け、ベッドを整えます。残念ながらヨガもストレッチもしないのですが、大きく息を吸って、吐き出す──朝一番の大きな呼吸を心がけるだけで、一日を始めるエンジンがかかります。　6:40 休日に限って、早起きする子どもたち。「もう少し寝かせてよ」と、小競り合いをしながら、階下に降りると、約束の時間ではないのにゲームをする息子。怒鳴らないように心がけますが、ときに落ちます、雷が。　7:00 週末は、みんなで朝ごはん。育ちざかりの3人の子どもたちは、パンとごはん、さらにお代わり──という具合。ゆったり、優雅。とは、全く無縁の我が家の朝。　7:32 平日、末っ子が幼稚園に出かけたら、急いで自分の支度を。子どもたちは子どもたち専用の、洗面所とお風呂。夫婦は、別の洗面所とお風呂を使います。夫の友人や親戚。海外からのゲストが多いので、1つをゲスト用にするためにも、そうしました。　8:40 クローゼット兼、原稿を書いたり、企画書を作ったり──の仕事部屋で、「今日の服」をスタイリングし、急いで着替えて出かけます。上の2人が大分大きくなって楽になりましたが、長女が生まれた15年前から、程度は違いますが、朝はとにかく一日で最も忙しい時間──です。

Bed Room

"ジェルバゾーニ"のベッド

寝室は情報をカットし、とにかく居心地が良い素材、肌触り、色を最優先に考えました。
そして、「道具」としてではなく、空間になじむインテリアとしてベッドを考えたとき、
ジェルバゾーニのベッドにいきつきました。フレームが悪目立ちすることなく、リネンとの相性も抜群。
寝心地も良く、自宅で一番のお気に入りの場所です。

Fashion　Life Style　Beauty　　085

夏のベッドメイク（左ページ）と冬バージョン（上）。とにかくグレーな世界観にしたかった、ベッドルーム。ノイズがなく、情報もゼロ。歩く音も消したかったので、自宅では唯一この部屋だけ、カーペットを敷きました。グリーンも花もなし。時間が止まったこの部屋には、そのフレッシュさが若すぎるのです。リネンやカバーなどは、ほとんどを無印良品とザラホームで揃えました。無印良品のベッドカバーやシーツは、何度洗ってもへたれない頑丈さと、赤みを含まない無口な色が豊富なので。ファッションで言うところの、アクセサリーにあたるクッションカバーは、ザラホームがおすすめです（1,2）。カーテン（3）のタッセルはグレーと白のリバーシブルに。（4）

P84 静物　ベッド：ジェルバゾーニ／クッション：ザラホーム／1 ベッド：静物と同じ／クッション：ザラ ホーム／ブランケット：カシウェア／2,3 カーテン：オーダーメイド

Bed Room

石見焼のスツールをサイドテーブル代わりに

島根県江津市を中心に、旧石見国一帯に古くから伝わる焼物。
さまざまな色がありましたが、私が気に入ったのは、この神秘的なネイビー。
釉薬が流れていくさまが手に取るようにわかる、焼物ならではの深い色出しと、
一つ一つ色も形も違うのに、ただ1つに出会った「ご縁」に強く惹かれました。

Fashion　　Life Style　　Beauty　　　　087

実は先にロイズ・アンティークで、ベッドサイドランプを揃えました(1,2)。クラシックなデザインのランプを、どんなテーブルに置こうか、とかなりの数のショップを見て回りました。インテリアショップ、タイム&スタイルに展示されているのを見て、ひと目で気に入りました。そう、この石見焼のスツールをテーブルに代用することにしたのです。一つ一つ表情が違う、その個性と、歴史ある焼物がもつ強さはほかにはありません。ルームフレグランスで、さらに快適な空間に(3)。

静物 スツール:ストーンウェア スカルプチャー(TIME & STYLE)／1 スツール:静物と同じ／ランプ:ロイズ・アンティーク／ベッド:ジェルパゾーニ／クッション:ザラホーム／2 ルームスプレー:(左から) ハウントのノベルティ、ニールズヤード レメディーズ [ルームフレグランススプレー バランシング]、ザ・ランドレス [ファブリック フレッシュ]、プレインピープルのノベルティ

Bed Room

"テネリータ"のコットンタオル

お風呂に入った後、洗顔後。真っ先に、素肌に触れる素材はタオルです。
「柔らかな」「温かな」「ふかふかの」—— そんな印象は、女性の印象に直結する気がします。
1年に1度、旧暦の新年にあたる2月4日に、タオルを新調し、
いつでも私の印象を、ふわっと柔らかで、そして温かなものにしておきたいと思っています。

休日は何度も湯船につかるほど、お風呂好き。キャンドルを灯して、小一時間入っているときもあります。テネリータのタオルで水滴を吸い取ったら、そのまますぐにボディケアをするように。

静物 タオル:すべてテネリータ/1 キャンドル:(左から) ディプティック[ベス]、ノーブランド/キャンドルスタンド:パリで購入/2 入浴剤:クレイド[ウィーク ブック]/バスオイル:エルバビーバ[シェイビング エッセンス]/バスソルト:アヴェダ[スージング バスソルト]

Fashion　Life Style　Beauty　　　089

"オリム"のリラックスウェア

日本のブランドである"オリム"は、パリに住むデザイナーがデザインする、
夕暮れ、朝焼け、深い夜が似合うリラックスウェアのブランドです。
仕事から帰宅して、パジャマに着替えるまでの、その愛おしい時間に着る服。
もちろん、大好きなリネン、大好きなトープ色。

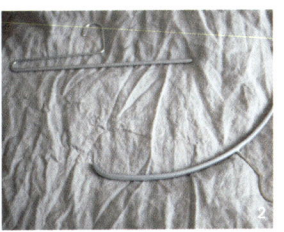

夏、まだ明るいうちに帰れたとして。仕事の顔から私に戻り、軽くシャワーを浴びて着る服がマワのハンガー（2）に掛かったオリムのセットアップ。寝るときは、スリーピー ジョーンズのシルクのパジャマに着替えます（1）。子供が小さいうちは難しかった、贅沢な時間の楽しみ方。

静物 トップス・パンツ・カーディガン：すべてオリム／1 カーディガン：ベアフットドリームス／パジャマ：スリーピー ジョーンズ／2 ハンガー：ともにマワ

Living Room

"コーラルアンドタスク"の
クッションカバー

まだ訪れたことがない国の風景を見ているような、そんなロマンがあるから好き。一つ一つ丁寧に刺繍された、ときにシュール、ときにエキゾチックな柄は、お気に入りのソファーに置いても、とても居心地が良さそうです。クッションは、ソファーにとってメイクだと思います。

2007年、ニューヨーク、ブルックリンで生まれた"コーラルアンドタスク"。このブランドのすべてのアイテムを、インドで生産。人の手の温もりが感じられるアナログな感じは、我が家にはとても似合うと思います。少し大きめのサイズで、映画を見ながら抱き枕のようにして使うのが好き。1つずつ、ゆっくりと揃えたいカバー。

静物 クッションカバー：コーラルアンドタスク

Fashion　Life Style　Beauty　091

"アスティエ・ド・ヴィラット"のお香立て

香りは、私たちの本能や気分に直結するファクター。
時間があるときは、お香を炊きます。
ゆらゆらと細い煙が立ち上り、ほのかにスパイシーな香りが鼻孔を通り過ぎると、
時間がゆっくりと速度を落とす気がするのです。

マリアージュ フレールのお香が好きです。乱雑に扱うと折れてしまうので、まるで壊れ物を扱うみたいに、丁寧に優しく取り出し、そのままの静かさでお香を立て、火をつけます。そんな動作もたまには良いものです。

静物 お香立て:アスティエ・ド・ヴィラット／1 お香:マリアージュ フレール［THE SOUS LES NUAGES］／お香立て:静物と同じ

Kitchen

"無印良品"の落ちワタふきん

12枚で500円というコスパの素晴らしさもさることながら、使いやすさも抜群。
縁が色別になっているから、皿用、テーブル用など、用途に合わせて分けられます。
すぐに乾き、使うごとに柔らかく手になじんでくる。
ここ数年、汚れたら雑巾に用途を変えて。ずっと買い続けています。

赤い縁のふきんは、お皿を拭くときに使います。ブルーの縁は、テーブルやイスをきれいにする用。無地は、ガラスやドアノブを乾拭きするときに。紡績工場で出たワタを活用して作っているからこそ、のリーズナブルさ。気にせずにがんがん使って、どんどん洗濯できます。糸くずがつかなくて、ノーストレス。とても小さなことだけれど、道具が優秀だと、家事の面倒くささが少し減ります。

ふきん:無印良品 [落ちワタふきん 12枚組 縁カラー付]

大草直子の「これいいっ!」　094

Kitchen

気に入ったものを見つけたときに買い集めている箸置き

配膳をするときに、箸置きがあったほうがバランスが整い、しかも季節を感じられるから、
少しずつ集めています。向田邦子さんの著書の中に、「一人の時こそ箸置きを使う」
というくだりがありましたが、実は、そのフレーズがずっと目に焼き付いていて。
英語で"chopstick rest"と言いますが、家族にその意味を説明しています。

Fashion　Life Style　Beauty　　　095

鳥獣戯画が描かれた箸置き（左ページ）は、どこかユーモラスでとても好き。関西に住む知人が、京都に行ったときに、買ってきてくれました。どんなお皿にも合うのも気に入っています。ガラス製の栗とどんぐり（1）は、雑貨店で。子供たちにも理由を話して、秋に使うようにしています。そして珊瑚（2）は、夫と沖縄で再会した11年前、長女も一緒に海辺で拾ったものです。少しばかり欠けたり、変色したりしていますが、この先も絶対に捨てない宝物。少しクールな、シルバー色の木の葉型（3）は、ニューヨークに住む知人から。箸置きとしてはもちろん、フォークやナイフを置いてみたり、テーブルセッティッングのときに、ナプキンの上に飾ったり——さまざまな使い方ができるので、気に入っています。私たちにとって、食事の時間はとても大切な時間。とにかく賑やかで楽しいテーブルですが、最低限のマナーを守るようにしているのです。

静物 箸置き：友人から頂いたもの／1 箸置き：雑貨店で以前購入／
2 箸置き：沖縄の海で拾ったもの／3 箸置き：友人から頂いたもの

Kitchen

お昼の時間が楽しみになるお弁当箱

1年ほど前から、お弁当を持って行くようになりました。好きなものを食べたいから、
時間を節約したいから——が大きな理由。
子供たちのお弁当を作るついでに自分のも作っています。
お弁当って、不思議です。からっぽのお弁当箱なのに、「美味しかった、ごちそうさま」と聞こえるんですよ。

Fashion　Life Style　Beauty　　097

毎日行く場所が違い、ロケバスで昼を食べることも多く、しかも時間も不規則。今までは、お弁当を持って行っても、なかなか食べる機会がなかったのですが、数年前から働き方が変わり、自分のデスクを持つようになってから、子供たちのお弁当2つ、と自分の、3つを朝作るようになりました。公私共に仲良くさせて頂いている、モデルの亜希さんにかなり影響されたのも事実。お弁当って、子供たちとの会話だし、自分に対しての愛情表現だな、とも思い、すぐに行動に移しました。わっぱや竹素材の、オーバルのお弁当箱に出会ったことも、その習慣を後押ししてくれました。体重は減ったし、何よりお昼の時間が最高に楽しいものに。「良いと思ったらすぐやってみる」── 素直さをモットーにしている私の、最近の「始めて良かったこと」。

P96 静物 お弁当箱:(左から)アコメヤで購入、伊勢丹で購入、ネットで購入／お弁当を包んだナプキン:ノベルティ／箸入れ・箸:アコメヤで購入

Kitchen

得意ではない料理を助けてくれる、万能調味料たち

そんなに料理は好きではありません。もちろん、食いしん坊なので、
食べたいものを全力で作りますが、レシピはとてもシンプルなものしかありません。
焼いたり煮たり、簡単な工程で美味しいものができるのは、この調味料があるから。
子どもたちがいるので「後で加えられる」、スパイシーソースも必需品です。

| Fashion | Life Style | Beauty | 099 |

静物(左から)ごま油:根元 八幡屋礒五郎[七味胡麻辣油]うどんやにゅうめんにひと垂らし。香りも「おいしい」。/ハバネロ:ターンムファーム[メローハバネロ(中辛)]よく行くカフェで買った、オーガニック素材で作ったハバネロ。色はマイルドですが、けっこう辛いです。/だし:(左から)久原本家 茅乃舎[野菜だし]、フジサワ[無添加 極だし]煮物、味噌汁を作るときに欠かせないのが、だし。茅乃舎の野菜だしは、シチューやクラムチャウダーにも。だし醤油:鎌田醤油[だし醤油]/塩:コーニッシュシーソルト[ガーリック]、野菜やエビをオリーブオイルで素揚げする、アヒージョには、こんなガーリックソルトを、塩:東洋食品[ろく助白塩]ろく助の塩は、とにかく何にでも。おにぎりを握ると絶品です。

Kitchen

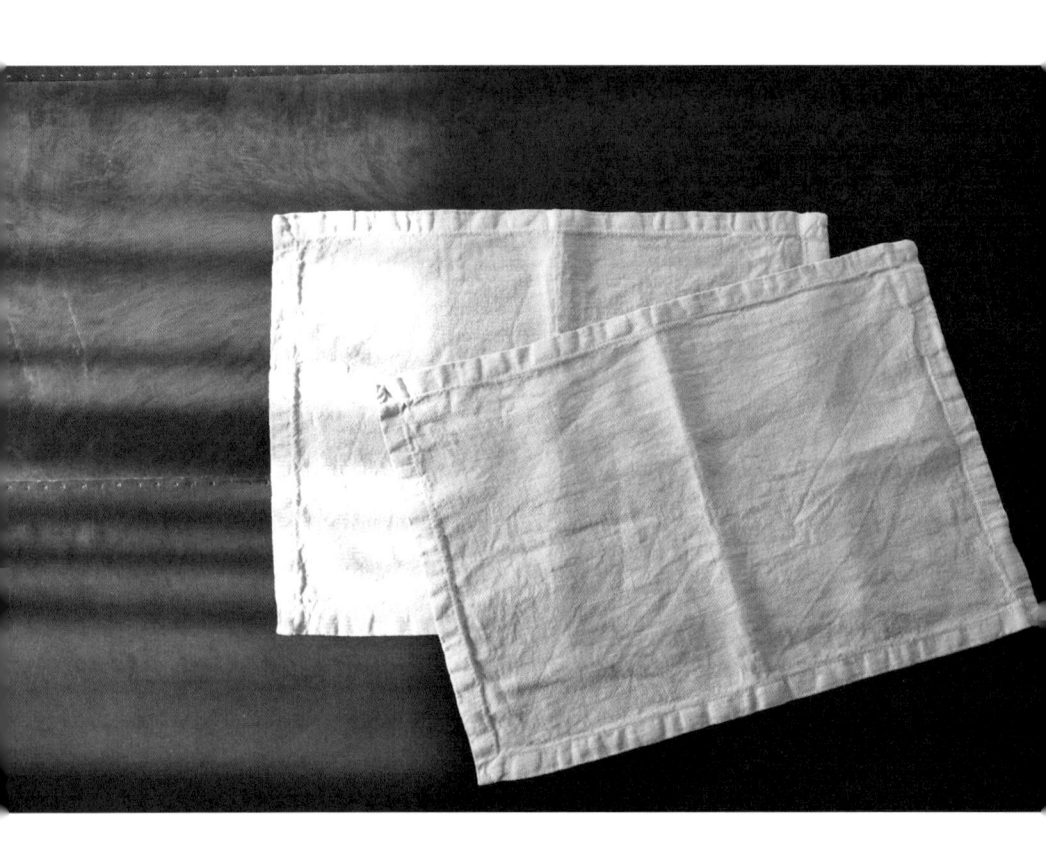

"メゾン ドゥ ファミーユ"のリネンランチョンマット

ざらっとしたリネンの質感は、少し硬質な我が家のダイニングテーブルと、
ものすごく家庭的な料理のギャップを埋めてくれる存在。
和食にも、夜食にも、アメリカナイズドされた朝食にも。どんな種類の料理、器にも合ってくれます。
長男は食べ物をよくこぼすので（笑）、カレーのときは、マットの代わりにトレーが登場。

Fashion　Life Style　Beauty　　101

ベネズエラで生まれ、アメリカ育ち、そして日本にももう18年ほど住んでいる夫は、誰よりも和食が好き。煮物や煮つけ、味噌汁なども、とても上手に作ります。ただし、もちろん、故郷の味、ベネズエラ料理やイタリアン、中華料理も大好き。平日の半分は彼が、あとは私が料理しますが、どんなジャンルになっても、このグレーブルーのランチョンマットは受け止めてくれます。メタルのようなハードな素材のテーブルに、ほっとするような安心感を運んでくれるのも、とても良いと思っています。数日おきに洗って、乾いた後の、リラックスしたシワが入る様も。テーブルセッティングのような大げさなものではありません が、例えばカシミヤのニットとデニムを合わせるように、普段の食事でもこんな素材合わせを楽しんでいます。

P100 静物　ランチョンマット：メゾン ドゥ ファミーユ

Kitchen

多くを持たないからこそ、お皿はブルー&グレーで

食器に興味をもち始めたのは、実は最近のこと。服やバッグ、
旅や体験に投資するあまり、手がまわらなかったのも事実です。
楽しいですね、危険ですね、器の楽しみ。今はたくさん持っていないから、
どんな料理も映えて、皿同士の相性が良いブルーとグレーで揃えています。

Fashion　Life Style　Beauty　　103

この引っ越しを機に、20代の終わりに最初の結婚をしてからずっと持っていた、「もらった皿」や「間に合わせで買った器」を、思い切って処分しました。初心者だからこそ、アイテムは数少なく——は、実はファッションと同じ。とにかく好きで、一点の曇りもなく信頼を置いているものだけを残し、そして少し買い足しました。そうしたら、結果、この色。ブルー、そして赤みのない冬の空のようなグレー。新居の壁や、クローゼットに並ぶニットと同じ色です。素材やブランド、形もそれぞれなのに、例えばイケアのビッグプレートに、イッタラのガラスの中皿……といった組み合わせが、ぴたりとはまるのを見るのは、色も素材もデザインも、そして丈もパーフェクトにマッチしたコーディネートを見るように、とても気持ちが良いものです。

静物 皿:(左から)村上雄一藍色プレートオーバル(36cm、27cm)、イケア、イッタラ(丸、長方形)／1 皿:イッタラ／2 急須:伊勢丹で購入／湯呑み:雑貨店で購入／コースター:インテリアショップで購入

イケアのビッグプレート(3)。重くて大きい。洗うのが大変なのですが、ワンプレートディッシュにはぴったりです。パスタとステーキ、サラダは21時に帰宅したときのパワーごはん。深いブルーの皿(4)は、引っ越し祝いに、仕事仲間から頂いたもの。「よくもまあ、こんなに好みがわかるなあ」と思ったくらいのお気に入り。若手の作家のものですが、この色は彼でないと出ないと聞いて納得。

대草直子の「これいいっ！」

Stationery

"ザ ケース ファクトリー"の
スタッズ付きiPhoneケース

上質なレザーに、小さなスタッズ。携帯自体は重くなりますが、
そのずっしり感が、逆にてのひらにしっかりと載る感じ。
キャラクターや、甘い色やデザインが苦手。
実用品に意味をもたせるのが好きではないので、
このさっぱりと男前な感じが自分らしいと思います。

バッグの中身は全く違う時期に買った、違うブランドながら、ほかの手持ちとも、しっくりなじんでくれます。色も素材感もディテールも、好きです。

静物 iPhoneケース：ザ ケース ファクトリー／眼鏡：アイヴァン 7285／バッグ：ジバンシィ／キーホルダー：ボッテガ ヴェネタ／リップバーム：デ マミエール［ロージィ リップバーム］／ロールオンフレグランス：ニールズヤード レメディーズ［アロマパルス リラクセーション］

"ヴァレクストラ"のアイスグレー色ブックカバー

一日の、かなり長い時間を過ごす電車の中をどう過ごすか、は私にとってとても大切です。
文庫本を読めるときは、気持ちと時間に余裕があるとき。
そして、その数時間を上質にするのが、こんなブックカバーです。
アイスグレーの、手触りが滑らかな、手馴染みの良い、そして姿形が美しいブックカバー。

読むスピードはけっこう速いほうです。短いもので集中して時間がとれると、3日くらいで読み終わります。それくらい、通勤、そして移動の時間が多いということでもありますが。このブックカバーを手に入れてから、本を読むことがもっと楽しみになったのはもちろん、バッグの中の景色も良くなりました。熟練の職人たちが、大切に大切に仕上げる、ヴァレクストラの物づくりのスピリットは、こんなアイテムにも宿っています。

静物 ブックカバー:ヴァレクストラ/しおり:海外で購入

Stationery

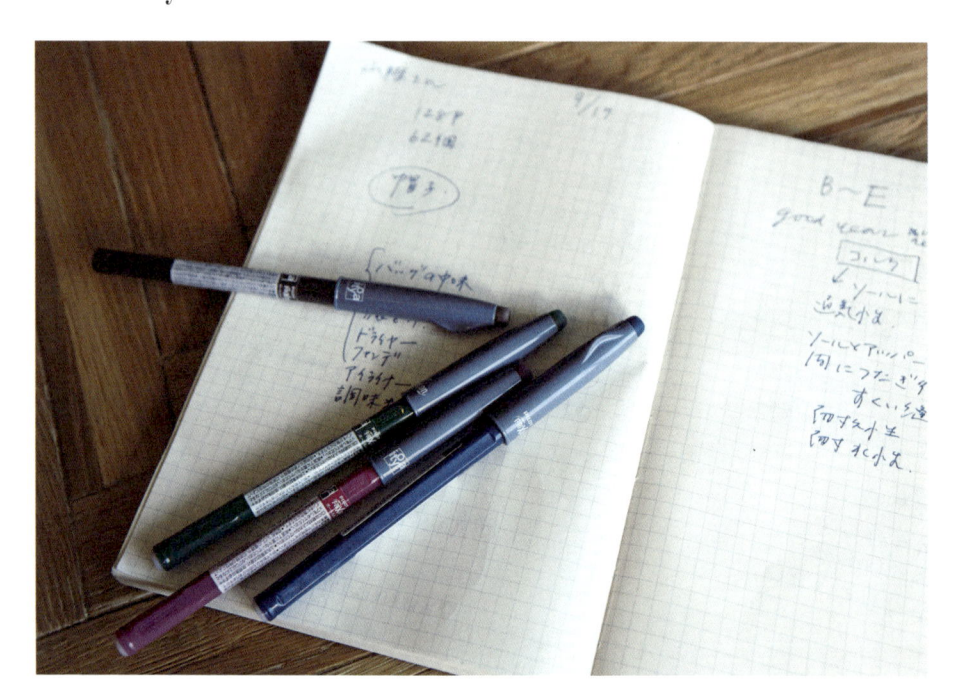

"フリクション"の消える渋色ペン

文房具に関しては、使いやすさや機能に頼りすぎるのはやめよう、と思っていましたが、この消えるペンを一度使ったら、手放せません。使い勝手の良さももちろんですが、あけびみたいな赤や、冬の夜空のような深いブルー —— 色が独特で美しいのがいい。

万年筆も好きですが、この"フリクション"は、あまりの便利さ、そして色の豊富さで愛用中。伊東屋オリジナル、細身のタイプは、コンパクトなペンケースに何本も入れられるので、重宝しています。打ち合わせのときやコラボレーションアイテムの確認など、色を変えて残しておきたいメモにも、最適です。

静物 ペン:フリクションボールえんぴつ/1 ペン:静物と同じ/カード:海外で購入/2 ペン:静物と同じ/ペンケース:ビネッティ

Fashion　Life Style　Beauty　107

生きた字を書かせてくれる、イタリア製のガラスペン

出雲大社の参拝前に立ち寄った、地元で有名な文具店。
イタリア製の美しいガラスペンがありました。
「書き心地の良さ」は体験していたので、
ミッドナイトブルーのインクとセットで購入しました。

人生で2本目のガラスペン。1本目は不注意で割ってしまいました。ガラスで文字って？と思われるかもしれませんが、1度インクをつければ、便箋の1行くらいは一気に書けます。自然とインクが薄れていく感じ、文字が生きているみたいで好きなのです。

静物　ガラスペン:シビン／インク:ペリカン［エーデルシュタイン インク（サファイア）］／便箋:(奥から) 浅草 満寿屋［原稿用紙］、古川紙工［そえぶみ箋 ビール］

etc

"ゑり萬"の絞り染めふくさ

京都の"ゑり萬"で買ったふくさは、結婚式の
ご祝儀を包んだり、というときに。一枚一枚柄も色も違うから、
世界で1枚のふくさ。一年の中でほとんど使わない、
こうしたものに愛情とお金をかけられるようになったのは、
最近のことです。大人って本当に楽しい。

京都に出張に行ったときに、足を延ばして買いに行きました。お店らしくない、まるで町の一角にある住居のような、静かなたたずまい。看板もごく小さく、おそるおそる引き戸を引いて入ると、とても上品なお顔立ちの店主が対応してくださいました。総絞りのふくさが、店先いっぱいにふわりと広げられた様子は、まるで絵画のように美しく、今でも鮮やかに覚えています。

静物 ふくさ:ゑり萬

Fashion　Life Style　Beauty

"ア トゥー パイプ プロブレム レタープレス"のポスター

そこに人の手の温もりが感じられる、
活版印刷で仕上げたフレーム。
少しマスキュリンな文字が伝えてくれる、
大好きなメッセージは見るだけで元気になれます。

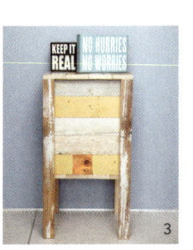

海外のスーパーや、インテリアショップで買った、レタードメッセージが、自宅コーナーをアメリカンな雰囲気に。「整いすぎている」のは、居心地が悪いので、ユーモアを忘れずに、と揃えました。特に好きなのは、活版印刷のポスター、「GOOD PEOPLE DRINK GOOD BEER」。その通りです！

静物 1,2 ポスター：すべて ア トゥー パイプ プロブレム レタープレス／3 メッセージボード：ともに海外で購入／スツール：シボネ

Column 02

我が家は夫婦優先のライフスタイル

一日のほとんどの時間が、仕事にとられます。ときに週末も。だからこそ、その他の時間は、純粋に楽しいことだけでできているのが、私の人生です。家族と笑ったり喧嘩したり、旅に出かけたり、友人とおしゃれをしておいしいお酒を飲んだり。「仕事以外の時間」に全力投球しています。子どもたちと24時間一緒にいられないからこそ、一緒に過ごす時間は濃密に。みんなでドレスコードを揃えてディナーに行くときもあるし、カラオケで羽目をはずしたり、郊外へドライブしたりも。子どもたちは、大人ってなんて自由で、やんちゃでときにばかばかしくて面白そう、と思っているはずです。5人で過ごすときに、一番はしゃいでいるのは私かもしれません。教育方針は特にありません。3人が、姉弟仲良く助け合って、元気で自分の人生を楽しんでくれていれば、それでいいと思います。「こうなってほしい」という理想を押し付けることはしません。彼女たちの誰にも負けない良いところを見つけて、それを伸ばす手伝いをするだけです。そして何より、笑って泣いて、また笑って、忙しく生きている大人を見せることが、教育かなと思います。「あんなに楽しそうな大人に早くなりたい」と思ってもらえたら、それが一番嬉しい。そして早く自立して、自分の世界で生きていってほしいので、新居は、間取りもコンセプトも、子ども中心ではなく夫婦優先です。夫婦同士が信頼して愛し合っている姿は、子どもたちにとって、成長のための教科書だと信じているのです。

Fashion   Life Style   Beauty   111

大草直子の「これいいっ!」 112

03. Beauty

日焼けが好きで、肩先にも背中にも、日焼けの記憶がたくさん。シミ一つない肌をキープするよりも、太陽のパワーを全身でもらうことのほうが、私にとっては「キレイ」に近いと思っています。そして、年齢を重ねて出現する、「今までとの違い」にも、実は美しくなるためのヒントはあります。そこかしこにある情報だけに振り回されず、自分が心地よく、さらに自分を好きになれる美しさを育めたらいいな、と思っています。と、いわゆる美容オタクではない私が、それでも「ここだけは」と思って実践していることや、頼っているアイテムをご紹介します。決められた時間やバジェットで、できることはもちろん限られているけれど、自分で手作りした「美しさのレシピ」を、どれだけ守れるか—— が、大人の美容だと思っています。

Cosmetics

「くちびるを装う」赤のリップとベージュのリップ

口紅レスの期間が長く続いていたのですが、赤リップのブームを体験してから、
口紅の威力を再認識。赤のリップは顔立ちをきゅっと立体的にし、透明感を連れてきてくれるし（1）、
ベージュのリップは、肌の色になじみながら立体感をプラスしてくれます（2）。
ほとんど同じ色みですが、ほんの少しの微差を、気分や着こなしによって選んでいます。

Fashion　　Life Style　　<u>Beauty</u>　　115

P114 静物　リップ：(左から) スック [クリーミィ グロウ リップスティック モイスト (13 (茜薔薇))]、ランコム [ラブソリュ ルージュ デフィニシオ (195)]、MiMC [ミネラルルージュ (N 2 トーキョーレッド)]、NARS [リップスティック (1007)]、RMK [イレジスティブル リップス (06 オレンジレッド)]、コレス ナチュラル プロダクト [リップバター (ワイルドローズ)]、アディクション [ティント リップ プロテクター (001)]　P115 静物 ベージュリップ：(左から) M・A・C [リップスティック (ベルベット テディ)]、NARS [オーディシャスリップスティック (9463)]、ベアミネラル [マーベラス モクシー リップスティック (ビーフリー)]、M・A・C [リップスティック (チェリッシュ)]、ボビイ ブラウン [リップ カラー (ベージュ)]、M・A・C [リップスティック (タッチ)]、ボビイ ブラウン [リッチ リップ カラー (ウーバーベージュ)]　1 リップ (使用色)：ランコム [ラブソリュ ルージュ デフィニシオン (195)] ／ニット：ミューズ ドゥ ドゥーズィエム クラス／メガネ：アイヴァン 7285/2 リップ (使用色)：M・A・C [リップスティック (シス)]

Cosmetics

1. Face

40歳はオイル元年。パーツによって使い分けています

肌を柔らかく可愛くするのは、オイル。このことに気づいてから、「とにかくオイル」です！
オイルの種類や成分の違いで、細かなパートに分けて使い分けています。
日焼けした肌が、艶やかでおいしそうに見えなければ—— と始めたオイル美容ですが、
今では、一年中、入浴後の習慣になっています。

Fashion　　Life Style　　Beauty　　　117

2. Neck, Decollete

3. back

4. Hip

5. Leg

肌のごわつきが気になるとき、湯船につかりながら、マッサージします。翌日の肌のふっくら感は一目瞭然。

1 オイル：(左から) ドクタータッフィ [ジョヴィネッツア プロフォンダ オイル (ホワイトティー)]、デ・マミエール [シーズナル フェイシャルオイル オータム、シーズナル フェイシャルオイル スプリング]、SK II [フェイシャル トリートメント オイル] ／2 首にシワが寄り、影が入っている風情が好きなのですが、かさつきはNGです。クリーム：コスメデコルテ AQ MW [ネック リニュー クリーム]、THREE [コンセントレート トリートメント オイル] ／3 背中が大きく開いた服を着ることが多いので、ケアは欠かしません。ボディオイル：エルバビーバ [バック R オイル]、クリーム：イソップ [リンド ボディバーム] ／4 ヒップ下の嫌なもたつきが、バイオイルを使うことで、目立たなくなりました。オイル：バイオイル、クリーム：ニベア [スキンミルク しっとり] ／5 脚のむくみに一番おすすめしたいのは、THREEのオイル。もう6本目くらいです。かかとのかさつきには、ハイカーのフットバームはてきめんです。バーム：ハイカー [フットバーム H]、オイル：THREE [フット＆レッグ トリートメントオイル AC R]

Cosmetics

"シン ピュルテ"のクレンジングジェル

帰宅して、最も面倒くさい作業だった「化粧落とし」が楽しくなりました。
柔らかでリラックスした香りと、メイクとなじむ感じが即座にわかる使用感、
そして、乳白色の優しい色(1)も。使用成分が、すべてオーガニック認定を受けているのも、安心です。
使い続けて、乾燥も気にならなくなりました。

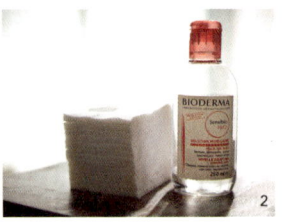

なくなると怖いので、必ず1本はストックで常備しているクレンジングジェル。目元のメイクなどは、ビオデルマのクレンジングウォーター(2)を綿棒にとって落とします。まだ完ぺきとは言えませんが、できるだけソフトに丁寧に──　をクレンジングでは心がけています。

静物 , 1 クレンジング：シン ピュルテ [ピュアクレンジング　クリア] ／ 2 クレンジング：ビオデルマ [サンシビオ エイチツーオー D] ／コットン：無印良品

Fashion　Life Style　Beauty　119

"トム フォード ビューティー"の影アイシャドウ

「ココア ミラージュ」という色名の通り、
少し赤みを帯びたブラウンが、目元に色、ではなく影をつけてくれます。
まばたきをしたとき、横をすっと向いたとき。必要なのは立体感。
この色だけ、ではなく、すべての色が使えるのもおすすめする理由です。

左上のバニラホワイトをまぶた全体に、右上の明るいブラウンを二重の幅に。そして、下2色の濃色は、ライン代わりにもと、使い方も簡単。少しくすんでいるかな、という大人の不機嫌な肌にほのかに赤みを加え、目元をドラマティックに。

静物 アイシャドウ:トム フォード ビューティ[アイ カラー クォード（03ココア ミラージュ）]／1 ブラシ:ボビイブラウン／2 アイシャドウ:静物と同じ／アイライナー:フローフシ［モテライナー（ブラウンブラック）］

Hair

無造作なのに手がかかっている髪をつくる、
ヘアセットアイテム

大幅に寝坊して、朝10分しか時間がなかったら、
メイクは諦めてヘアセットをとります。洗いっぱなしの髪が似合うのは、20代まで。
土台をつくり、一度きちんと整えてからくずす。
このひと手間は、完全に大人になった今、どんなときもはずせない工程です。

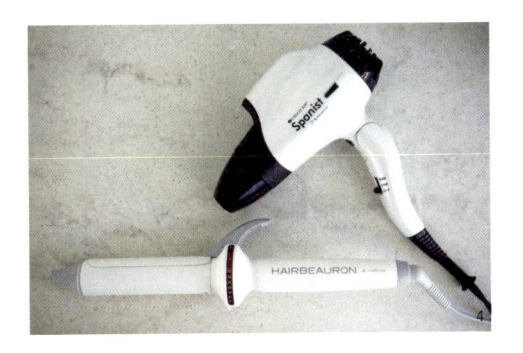

Fashion　Life Style　Beauty　　121

ダウン(1,2)もまとめ髪(3)も「作ってくずす」が大切。スプレーを一度髪全体に。ドライヤーで乾かし、髪を温めてから、コテでランダムに巻きます。そのあとワックスをよくのばして、毛先、髪の中にもみこみます。顔周りに艶が足りないときは、オイルをプラスします。

静物（左から）ヘアスタイリングスプレー：アヴェダ［ブリリアント ホールド スプレー］/ヘアオイル：ユメドリーミン エピキュリアン［ヘアオイル ライト］/ヘアワックス：（左から）ザ・プロダクト［ダマスクローズ ヘアワックス（限定商品）］、ジョンマスターオーガニック［スカルプティング C ミディアム ホールド］/ブラシ：アヴェダ/4 ドライヤー：クレイツ イオン［スパニスト］/ヘアアイロン：リュミエリーナ［ヘアビューロン］

Column 03

焦らず、比べず。自分らしくいられたら——

素肌はナチュラル。身体はつやつや。歯と爪はいつも清潔に —— 私がこだわっているのは、これだけです。正直、今のところ、顔のシミやシワに、大げさに手を加えることは考えていません。スキンケアやメイクも、あれもこれも、は時間的にも無理なので、いつだったか優先順位を決めました。とにかく日焼けをしていることがベースにあるので、テラコッタ色の肌が生き生きと見えること、逆に言うと、くすんで疲れて見えないように、工夫をしているのです。そう決めたら、ファンデーションは素肌感を消さないもの。スキンケアよりも、実はボディケアに時間をかけたり。どんなに忙しくても、歯のホワイトニングとネイルケアは欠かさない —— という私なりのルールができました。現代は、たくさんの情報があふれています。情報に溺れると、何をつかんで良いかわからなくなります。経験を信じ、自分がなりたい女性像をはっきりと決めることが大切だ、と思います。ファッションと同じで、毎年押し寄せるブームや流行に流されることはナンセンス。また、アンチエイジングという言葉にも違和感を覚えます。エイジングは私の中ではタブーでありません。自分の顔だって、日々、そして刻々と変わるのです。「昨日と同じ顔」に戻そうとすることは、考えもしません。その日その日、その年齢その年齢の顔を、面白がり、愛おしんでいこうと思っています。至近距離の鏡とにらめっこしているより、遠くの鏡に映る、大きな笑顔が大事。この適当さ、気楽さが私の美容のモットーです。

Fashion   Life Style   Beauty   123

大草直子の「これいいっ!」

Postscript

実は3年越しで企画した今回の本。いよいよ、最後のページに到着しました！ 自分のおしゃれ、そしてインテリアや暮らしを含む生き方を、今一度振り返ることができて、とても楽しい作業でした。まずお礼を申し上げたいのは、編集の山際恵美子さん。驚くほどスロースターターの私を、温かく見守り、そして面白がってくださいました。山際さんの「マガジンハウス人生」最後の仕事に、私の本を選んでくださったこと、光栄に思い、心から感謝しています。また、いつも愛情全開の仕事をしてくださる、カメラマンの最上裕美子さん、ヘア＆メイクの菊池かずみさん。デザインを担当し、原稿執筆中は夜中に応援のメールまでくださったMo-Greenの永野さん、松本さん、そして井坂さん。環境を整え、きっちりと情報を整理してくれた、弊社スタッフ鈴木亜矢子。もちろん、そばで常に支えてくれた家族。そして最後まで読んで下さったみなさま、この本で出会えたご縁を感謝します。本当にありがとうございました。

Shop List

ア　アイヴァン 7285
☎ 03-5413-3560

IWC
☎ 0120-05-1868

アヴェダ
(アヴェダお客様相談室)
☎ 03-5251-3541

アカネ ウツノミヤ
(ブランドニュース)
☎ 03-3797-3673

アクアスキュータム
(レナウン プレスポート)
☎ 03-5468-5641

アコメヤ トウキョウ
☎ 03-6758-0270

アスティエ・ド・ヴィラット
(オルネ ド フォイユ 青山店)
☎ 03-3499-0140

アディクション
(アディクション ビューティ)
☎ 0120-586-683

アッパーハイツ
(ゲストリスト)
☎ 03-6869-6670

ア トゥー パイプ プロブレム レタープレス
(ユナイト ナイン)
☎ 03-5464-9976

RMK
☎ 0120-988-271

イケア
(イケア・ジャパン カスタマーサポートセンター)
☎ 0570-01-3900

イッタラ
(スキャンデックス)
☎ 03-3543-3453

イヴォン
☎ 0120-290-370

ヴァレクストラ
(ヴァレクストラ・ジャパン)
☎ 03-3401-8017

SK II
(マックス ファクターお客様相談室)
☎ 0120-021325

MiMC (エムアイエムシー)
☎ 03-6421-4211

ゑり萬
☎ 075-525-0529

オリム
☎ 03-3403-6680

カ　鎌田醤油
☎ 0120-46-0306

ギャルリー・ヴィー
(ギャルリー・ヴィー 丸の内店)
☎ 03-5224-8677

キンロック
(ランド オブ トゥモロー)
☎ 03-3217-2855

久原本家 茅乃舎
☎ 0120-844-000

コーチ
(コーチ・カスタマーサービス・ジャパン)
☎ 0120-556-936

コーニッシュシーソルト
(片岡物産 お客様相談室)
☎ 0120-941440

コーラルアンドタスク
(H.P.FRANCE Future Friends)
☎ 03-5778-2177

コレス ナチュラル プロダクト
(フィッツコーポレーション)
☎ 03-6892-1332

根元 八幡屋礒五郎
☎ 0120-156-170

サ　ザ ケース ファクトリー
(ショールーム セッション)
☎ 03-5464-9975

サタデーズ
(サタデーズ トウキョウ)
☎ 03-5459-5033

ザ・プロダクト
(ココバイ)
☎ 03-5772-8535

ザラ
(ザラ・ジャパン カスタマーサービス)
☎ 03-6415-8061

ジェイエムウエストン
(ジェイエムウエストン 青山店)
☎ 03-6805-1691

J. クルー
(ブランドニュース)
☎ 03-3797-3673

ジェームス パース
(ジェームス パース 青山店)
☎ 03-6418-0928

ジェルバゾーニ
(ジェルバゾーニ ジャパン)
☎ 03-6427-5369

シビン
(はらぶんパピロ21)
☎ 0852-23-1777

ジミー チュウ
☎ 03-5413-1150

ジョンマスターオーガニック
(スタイラ)
☎ 0120-207-217

シン ピュルテ
(スタイラ)
☎ 0120-207-217

ストーンウェア スカルプチャー
(TIME & STYLE)
☎ 03-5413-3501

スック
☎ 0120-988-761

| タ | タサキ
☎ 0120-111-446

ターンムファーム
☎ 079-552-7607

チャーチ
(チャーチ 表参道店)
☎ 03-3486-1801

ディータ
(ステップ インク)
☎ 03-5774-4551

ティファニー
(ティファニー・アンド・カンパニー・ジャパン・インク)
☎ 0120-488-712

デ・プレ
(デ・プレ 丸ノ内店)
☎ 0120-983-533

デ・マミエール
(エスシーコスメティックス)
☎ 0120-936-916

テネリータ
(テネリータ 東京ミッドタウン店)
☎ 03-6447-0181

東洋食品
☎ 03-3479-5955

ドクター タッフィ
(ドクタータッフィ 青山店)
☎ 03-6419-7392

| ナ | NARS
(NARS JAPAN)
☎ 0120-356-686

| ハ | ハム
(hum 神宮前 アトリエ&ショップ)
☎ 03-6434-5586

ヒロタカ
(ショールーム セッション)
☎ 03-5464-9975

ファリエロ サルティ
(ファリエロ サルティ 青山店)
☎ 03-6450-6635

フェデリカ・モレッティ
(221リステア-表参道)
☎ 03-6712-5065

フリクション
(銀座・伊東屋)
☎ 03-3561-8311

ブリストン
(ザ・コンランショップ)
☎ 0120-04-1660

ベアミネラル
☎ 0120-24-2273

フジサワ商事
(お客様窓口)
☎ 048-528-2134

ボッテガ・ヴェネタ
(ボッテガ・ヴェネタ ジャパン)
☎ 0120-60-1966

ボビイ ブラウン
☎ 03-5251-3485

ポルセッリ
(アーモンド・アイ)
☎ 03-5420-6500

ボン マジック
☎ 03-3303-1880

| マ | マカフィー
(トゥモローランド)
☎ 0120-983-511

M・A・C
(メイクアップ アート コスメティックス)
お客様お問合せ先
☎ 03-5251-3541

マディソンブルー
☎ 03-5724-3339

マルコム ベッツ
(バーニーズ ニューヨーク カスタマーセンター)
☎ 0120-137-007

ミューズ ドゥ ドゥーズィエム クラス
(ミューズ ドゥ ドゥーズィエム クラス 表参道店)
☎ 03-5413-3731

無印良品
(無印良品 池袋西武)
☎ 03-3989-1171

村上雄一藍色プレートオーバル
(雨晴(あまはれ))
☎ 03-3280-0766

メゾン ドゥ ファミーユ
☎ 03-3441-5771

| ヤ | ユメドリーミン エピキュリアン
(株式会社ツイギー)
☎ 03-6434-0518

| ラ | ラローズ・パリ
(ドローイング ナンバーズ 南青山店)
☎ 03-6427-6940

ランコム
☎ 03-6911-8251

レッドカード
(ゲストリスト)
☎ 03-6869-6670

※本書で紹介しているアイテムはすべて私物です。
現在は手に入らないものもあります。
また、本ページに掲載されているお問い合わせ先は、
メインアイテムとして紹介した商品中心になっています。
すべてのアイテムではありませんのでご承知おきください。

大草直子

おおくさ・なおこ
WEBマガジン「mi-mollet（ミモレ）」編集長、スタイリスト
1972年生まれ 東京都出身。大学卒業後、現・ハースト婦人画報社へ入社。雑誌の編集に携わった後、独立しファッション誌、新聞、カタログを中心にスタイリングをこなすかたわら、イベント出演や執筆業にも精力的に取り組む。
現在はWEBマガジン「mi-mollet（ミモレ）」（http://mi-mollet.com/）の編集長を務める。

Staff

撮影
最上裕美子
中島慶子 [P078]

デザイン
永野有紀、
松本敦子、
井坂真弓（Mo-Green Co.,Ltd）

編集協力
鈴木亜矢子（HRM）

ヘア＆メイクアップ
菊池かずみ（Linx）

おしゃれも暮らしも選りすぐり
大草直子の「これいいっ！」

2016年3月3日　第1刷発行

著　者：大草直子
発行者：石﨑 孟
発行所：株式会社マガジンハウス
　　　　〒104-8003 東京都中央区銀座 3-13-10
　　　　書籍編集部　☎ 03-3545-7030
　　　　受注センター　☎ 049-275-1811
印刷・製本　凸版印刷株式会社

©2016 Naoko Okusa, Printed in Japan
ISBN 978-4-8387-2837-4 C0095

乱丁本・落丁本は購入書店明記のうえ、小社制作管理部宛にお送りください。送料小社負担にてお取り替えいたします。但し、古書店等で購入されたものについてはお取り替えできません。定価はカバーと帯に表示してあります。

本書の無断複製（コピー、スキャン、デジタル化）は禁じられています（但し、著作権法上での例外は除く）。断りなくスキャンやデジタル化することは著作権法違反に問われる可能性があります。

マガジンハウスのホームページ　http://magazineworld.jp/